Charles Webster Leadbeater

La clairvoyance

Traduit de l'anglais par La Garnerie

CHAPITRE PREMIER
CE QU'EST LA CLAIRVOYANCE

Clairvoyance ne signifie littéralement rien de plus que la faculté de «voir clair», et c'est un mot dont on s'est servi fort mal à propos et que l'on a même avili au point de l'employer pour désigner la fourberie d'un charlatan sur un champ de foire. Même pris dans son sens le plus étroit, il s'applique à un ordre important de phénomènes d'un caractère si différent, qu'il n'est pas facile d'en donner une définition à la fois brève et exacte. On l'a nommée «vision spirituelle», mais il n'est pas d'appellation qui soit plus trompeuse que celle-là, car dans la grande majorité des cas il n'existe, en rapport avec ce phénomène de la clairvoyance, aucune faculté qui puisse le moins du monde prétendre à l'honneur d'un terme aussi élevé.

Dans ce traité, peut-être pouvons-nous la définir : *le pouvoir de voir ce qui est caché à la vue physique ordinaire.* Il sera bon aussi de commencer par dire qu'elle est très fréquemment (quoique, assurément, pas toujours) accompagnée de ce que l'on nomme clairaudience, ou le pouvoir d'entendre ce qui échappe à l'oreille physique ordinaire ; et nous considérerons, en la circonstance, que notre titre englobe aussi *faculté*, afin d'éviter la lourdeur de style qu'entraînerait l'emploi constant de deux longs mots là où un seul peut suffire.

Permettez-moi d'éclaircir deux points avant de commencer. Tout d'abord, je n'écris pas pour ceux qui ne croient pas qu'il existe un pouvoir tel que la clairvoyance, et je ne cherche pas davantage à convaincre ceux qui ont des doutes à cet égard. Un ouvrage aussi modeste ne m'en donne pas la place ; les incrédules doivent étudier les nombreux livres, relatant des séries de cas, ou faire des expériences pour leur propre compte selon la donnée spirite. Je m'adresse à la classe mieux instruite qui sait que la clairvoyance existe, à ceux que ce sujet intéresse assez pour qu'ils accueillent avec plaisir tous renseignements concernant ses méthodes et ses possibilités ; et je puis leur assurer que ce que j'écris est le résultat d'une longue étude sérieuse et de nombreuses expériences, et que, bien que certaines des forces qu'il me faudra décrire puissent leur paraître neuves et surprenantes, je ne mentionne aucun fait dont je n'aie moi-même vu des exemples.

En second lieu, encore que j'essaierai d'écarter autant que possible les détails techniques, étant donné que j'écris surtout pour des étudiants en théosophie, je me croirai pourtant permis d'employer parfois, pour plus de brièveté et sans entrer dans des explications détaillées, les termes théosophiques ordinaires, avec lesquels je puis à bon droit penser qu'ils sont familiers.

Si ce petit livre venait à tomber entre les mains de quelqu'un, pour qui, çà et là, l'emploi de semblables expressions constituerait une difficulté, je ne puis que m'excuser auprès de lui et le renvoyer, pour ces explications préliminaires, à n'importe quel ouvrage élémentaire de théosophie, tel que *la Sagesse antique* ou *l'Homme et ses corps* de Mme Besant. La vérité, c'est que le système théosophique tout entier est si étroitement lié dans ses diverses parties, si dépendantes elles-mêmes les unes des autres, que, pour donner une explication parfaite de chaque terme employé, il faudrait un traité complet de théosophie en manière de préface même à ce court exposé de la clairvoyance.

Avant, cependant, qu'une explication détaillée de la clairvoyance puisse être utilement entreprise, il nous faudra consacrer quelques instants à certaines considérations préliminaires, qui nous mettront nettement dans l'esprit quelques faits capitaux, touchant les différents plans sur lesquels la vision clairvoyante peut être pratiquée et les conditions qui en rendent l'exercice possible.

La littérature théosophique nous affirme constamment que toutes ces facultés plus hautes seront bientôt l'héritage de l'humanité en général, que la capacité de clairvoyance, par exemple, est latente en chacun de nous, et que ceux chez qui elle se manifeste déjà sont simplement, sur ce point déterminé, en avance sur les autres. Eh bien, cette assertion est vraie, et cependant elle semble au plus grand nombre tout à fait vague et chimérique, tout bonnement parce qu'il considère une pareille faculté comme quelque chose d'absolument différent de tout ce qu'il a éprouvé jusqu'alors, et parce qu'il se sent très sûr que lui-même, à tout le moins, n'est pas en mesure d'acquérir le développement de cette faculté.

Peut-être réussirons-nous à dissiper ce sentiment d'irréalité, si nous essayons de comprendre que la clairvoyance, comme tant d'autres choses, dans la nature, est avant tout une question de vibrations, et n'est, en fait, pas autre chose qu'une extension des forces que nous employons tous chaque jour de notre vie. Nous vivons sans cesse baignés par une vaste mer d'air et d'éther mélangés, celui-ci pénétrant celui-là de toutes parts, comme il pénètre toute matière physique ; et c'est surtout par le moyen de vibrations, dans cette mer immense de matière, que les impressions nous parviennent du dehors. Cela, nous le savons tous, mais beaucoup d'entre nous ne se sont peut-être jamais rendu compte que le nombre de ces vibrations auxquelles nous sommes capables de répondre, est, en réalité, tout à fait infinitésimal.

Parmi les vibrations extrêmement rapides auxquelles l'éther est soumis, il existe une certaine petite section — une section *très* petite — à laquelle la rétine de l'œil humain est capable de répondre, et ces vibrations particulières produisent en nous la sensation que nous appelons la lumière. Autrement dit, nous ne sommes capables de voir que les seuls objets par lesquels cette espèce particulière de lumière peut être émise, ou réfléchie.

Tout pareillement, le tympan de l'oreille humaine est capable de répondre à un certain ordre très faible de vibrations comparativement lentes, assez lentes pour agir sur l'air qui nous environne ; de sorte que les seuls sons que nous puissions entendre sont ceux produits par des objets capables de vibrer à une vitesse quelconque dans cet ordre particulier de vibrations.

Dans les deux cas, il s'agit d'un phénomène bien connu de la science, à savoir qu'il y a des grandes quantités de modes vibratoires à la fois au-dessus et au-dessous de ces deux sections, et qu'en conséquence, il y a beaucoup de vibrations lumineuses que nous ne pouvons pas voir et beaucoup de vibrations sonores que nos oreilles ne peuvent entendre. Pour ce qui est de la lumière, l'action de ces vibrations plus rapides et plus lentes est aisément perceptible dans les effets produits par les rayons actiniques à l'une des extrémités du spectre, et par les rayons calorifiques à l'autre extrémité.

En réalité, il existe des vibrations de tous les degrés imaginables de rapidité, qui remplissent tout entier le vaste espace qui se trouve entre les ondes lentes et fortes et les ondes rapides et légères, et ce n'est même pas tout, car il y a, à n'en pas douter, des vibrations plus lentes que celle du son et toute une infinité d'autres vibrations plus rapides que celles qui nous sont connues sous forme de lumière. Ainsi, nous commençons à comprendre que les vibrations grâce auxquelles nous voyons et nous entendons, ne sont que comme deux minuscules groupes de quelques cordes prises à une harpe gigantesque d'une dimension pratiquement infinie, et, lorsque nous songeons à tout ce que nous avons pu apprendre et déduire grâce à l'usage de ces menus fragments d'un Tout, nous entrevoyons vaguement quelles possibilités pourraient s'offrir à nous si nous étions mis à même d'utiliser ce Tout énorme et merveilleux.

Un autre fait à considérer, en rapport avec ce qui précède, est que les êtres humains diffèrent considérablement les uns des autres, quoique dans des limites relativement étroites, par leur capacité de réponse, même aux vibrations très peu nombreuses qui sont à la portée de nos sens physiques. Je ne parle pas de l'acuité de la vue ou de la finesse de l'ouïe qui permet à tel individu de voir un objet moins apparent ou d'entendre un bruit plus faible que celui que pourrait voir ou entendre tel autre ; ce n'est pas le moins du monde une question de puissance de la vue, mais d'étendue de la susceptibilité.

Si, par exemple, quelqu'un prend un bon prisme creux rempli de sulfure de carbone, et projette, grâce à ce dernier, un spectre bien distinct sur une feuille de papier blanc, et si alors il demande à un certain nombre de personnes de marquer sur le papier les extrêmes limites du spectre, tel qu'il leur apparaît, il est à peu près sûr de constater que leurs puissances de vision diffèrent d'une façon appréciable. D'aucuns verront le violet s'étendre beaucoup plus loin que ne le verra la majorité des personnes présentes, d'autres verront peut-être plutôt moins de violet que la plupart de leurs voisins, et verront par contre le rayon rouge s'étendre davantage et d'autant que le violet leur aura paru diminué ; il s'en trouvera peut-être quelques-uns qui pourront voir plus loin que les autres, aux deux extrémités du spectre, et ceux-là seront presque certainement ce que nous appelons des personnes sensibles, susceptibles en effet de répondre à une catégorie de vibrations plus grande que ne le peuvent la plupart des individus de notre époque.

Pour ce qui est de l'ouïe, on peut constater la même différence entre les individus, en prenant pour base un son quelconque tout juste assez fort pour qu'on puisse l'entendre, un son qui serait, pour ainsi dire, à la limite extrême de la perceptibilité, et en observant combien, sur un nombre donné de personnes, il en est qui soient capables de l'entendre. Le cri d'une chauve-souris est un exemple familier d'un son pareil, et l'expérience montrera qu'un soir d'été, alors que l'air tout entier est plein de cris aigus et perçants, il y aura certainement un grand nombre de gens qui n'en auront nullement conscience et qui seront incapables d'entendre quoi que ce soit.

Donc ces exemples montrent clairement qu'il n'y a pas de limite absolue au pouvoir de l'homme de répondre aux vibrations soit éthériques, soit aériennes, mais qu'il y en a parmi nous qui ont déjà ce pouvoir à un degré plus considérable que d'autres ; et l'on constatera même que la capacité d'un individu déterminé varie avec les circonstances, il ne nous est par conséquent pas difficile d'imaginer qu'il pourrait être possible à un homme de développer ce pouvoir et d'apprendre à voir et à entendre ainsi au bout d'un certain temps beaucoup de choses que ses semblables ne peuvent pas voir et ne peuvent pas entendre, puisque nous savons parfaitement qu'il existe des quantités énormes de ces vibrations additionnelles, et qui attendent, en quelque sorte, qu'on les reconnaisse.

Les expériences faites avec les rayons Röntgen nous fournissent un exemple des merveilleux résultats que l'on obtient, même lorsqu'on ne met à la portée de l'homme qu'un très petit nombre de ces vibrations additionnelles ; et la transparence, sous l'action de ces rayons ; de quantité de substances considérées jusqu'alors comme opaques, nous offre tout de suite au moins un moyen d'expliquer telle clairvoyance élémentaire, comme celle qui consiste à lire une lettre placée dans une boîte fermée ou à décrire les personnes qui se trouvent dans une pièce voisine. Apprendre à voir par le moyen des rayons Röntgen ajoutés aux autres moyens ordinairement employés, suffirait tout à fait à mettre n'importe qui à même d'accomplir un exploit magique de cette espèce.

Nous n'avons pensé, jusqu'à présent, qu'à une extension des sens purement physiques de l'homme ; et quand nous nous rappellerons que le corps éthérique d'un homme n'est en réalité pas autre chose que la partie la plus subtile de son enveloppe physique, et que, par conséquent tous ses organes sensoriels contiennent une grande quantité de matière éthérique à divers degrés de densité, — matière dont les capacités sont encore en quelque sorte latentes chez la plupart d'entre nous, — nous verrons déjà, même si nous nous en tenons à ce seul genre de développement, d'énormes possibilités de toute espèce s'offrir à nous.

Mais à côté et au delà de tout ceci, nous savons que l'homme possède un corps astral et un corps mental, qui pourront chacun, au cours du temps, être mis en activité et qui répondront, le moment venu, aux vibrations de la matière de leur propre plan, ouvrant ainsi devant l'Ego, à mesure qu'il apprendra à fonctionner par le moyen de ces véhicules, deux mondes de savoir et de puissance entièrement nouveaux et beaucoup plus vastes. Ces mondes nouveaux, bien qu'ils soient tout autour de nous et se pénètrent librement l'un et l'autre, ne doivent pas être envisagés comme distincts et entièrement sans rapport avec la substance, mais bien plutôt comme se fondant l'un dans l'autre, l'astral inférieur s'enchaînant directement avec le physique supérieur, tout comme le mental inférieur s'enchaîne directement à son tour avec l'astral supérieur. Nous ne sommes pas tenus, quand nous songeons à ces deux mondes nouveaux, d'imaginer une nouvelle et curieuse espèce de matière, mais simplement de considérer l'espèce physique ordinaire comme subdivisée d'une manière infiniment plus subtile et vibrant infiniment plus rapidement, de manière à nous initier à des conditions et à des qualités pour ainsi dire entièrement nouvelles.

Il ne nous est pas difficile alors d'admettre la possibilité d'une extension régulière et progressive de nos sens, en sorte qu'il nous soit permis, à la fois par la vue et l'ouïe, d'apprécier des vibrations beaucoup plus rapides et beaucoup plus lentes que celles qui sont généralement perçues. Une catégorie importante de ces vibrations additionnelles continuera à appartenir au plan physique et nous mettra simplement en mesure de percevoir des impressions provenant de la partie éthérique de ce plan, qui nous est actuellement comme un livre fermé. De semblables impressions continueront à être reçues par la rétine de l'œil ; il va de soi qu'elles affecteront sa manière éthérique plutôt que sa matière solide, mais nous pouvons néanmoins les considérer comme ne cessant pas de s'adresser seulement à un organe spécialement préparé à les recevoir, et non à la surface tout entière du corps éthérique.

Il se présente toutefois des cas anormaux, dans lesquels d'autres parties du corps éthér.ique répondent à ces vibrations additionnelles aussi volontiers ou même plus volontiers que ne le fait l'œil. De semblables fantaisies s'expliquent de diverses façons, dont la principale les représente comme les effets de quelque développement astral partiel, car on trouvera que les endroits sensibles du corps correspondent presque invariablement avec l'un ou l'autre des chakras, ou centres de vitalité dans le corps astral. Et bien que, dans le cas où la conscience astrale n'est pas encore développée, ces centres puissent ne pas être en activité sur leur propre plan, ils sont pourtant assez forts pour provoquer une activité plus grande de la matière éthérique qu'ils pénètrent.

Lorsque nous avons affaire aux sens astraux eux-mêmes, les méthodes de travail sont très différentes. Le corps astral n'a pas d'organes des sens spécialisés, et c'est là un fait qui nécessite peut-être quelque explication, puisque de nombreux élèves qui cherchent à comprendre sa physiologie semblent éprouver quelque difficulté à concilier les déclarations qui ont été faites touchant la parfaite interpénétration du corps physique par la matière astrale, et le rapport exact entre ces deux véhicules, ainsi que l'existence nécessaire, à tout objet physique, de sa contre-partie astrale.

Toutes ces déclarations sont vraies et cependant il est très possible que des gens qui n'ont pas l'habitude de voir astralement se méprennent sur leur signification. Chaque espèce de matière physique est en constante association avec son espèce correspondante de matière astrale ; celle-ci ne peut être séparée de celle-là que par un déploiement très considérable de force occulte, et cette séparation ne dure que tant que ladite force est exercée dans ce but. Mais, en dépit de tout ce qui précède, la cohésion des molécules astrales entre elles est beaucoup moindre qu'elle ne l'est chez leurs correspondants physiques.

Une barre de fer, par exemple, nous présente une masse de molécules physiques à l'état solide, sujettes, par conséquent, à relativement peu de modifications dans leurs positions relatives, encore que chacune d'entre elles vibre dans sa propre sphère avec une rapidité considérable. La contre-partie astrale de ce fait est représentée par ce que nous appelons souvent « matière astrale solide », ou « matière du souffle le plus dense » ; mais néanmoins ses particules changent constamment et rapidement leur position relative, et circulent les unes parmi les autres aussi facilement que le pourraient faire celles d'un liquide, sur le plan physique. De sorte qu'il n'y a pas d'association permanente entre aucune de ces molécules physiques et cette masse de matière astrale qui se trouve, à n'importe quel moment donné, agir comme sa contre-partie.

Ceci est également vrai en ce qui concerne le corps astral de l'homme, que nous pouvons, en vue du but que nous poursuivons, regarder comme consistant de deux parties, l'agrégat plus dense qui occupe la position exacte du corps physique, et le nuage de matière astrale plus léger qui environne cet agrégat. Dans chacune de ces parties et entre elles deux, se produit sans s'arrêter jamais, l'intercirculation rapide déjà décrite de ces particules, en sorte que le mouvement des molécules dans le corps astral rappelle, à l'examen, l'apparence de celles que l'on peut voir dans une eau qui bout violemment.

Cela posé, on comprendra aisément que, bien que n'importe quel organe du corps humain doive toujours avoir comme contre-partie une certaine quantité de matière astrale, il ne conserve pas les mêmes molécules pendant plus de quelques secondes à la fois et que, par conséquent, il n'y a rien qui corresponde à la spécialisation de la matière nerveuse physique dans les nerfs optiques ou auditifs, et ainsi de suite. Ce qui fait que, bien que l'œil ou l'oreille physique ait toujours, sans doute, sa contre-partie de matière astrale, ce fragment particulier de matière astrale n'est ni plus ni moins capable de répondre aux vibrations qui produisent la vue astrale ou l'ouïe astrale, que n'importe quelle autre partie du véhicule.

Il ne faut jamais oublier que, quoique nous ayons constamment à parler de « vue astrale » et d'« ouïe astrale », afin de nous rendre intelligible tout ce que nous voulons désigner par ces expressions est la faculté de répondre à telles vibrations qui apportent à la conscience de l'homme, lorsque celui-ci agit par son corps astral, des impressions semblables à celles qui lui sont fournies par ses yeux et par ses oreilles alors qu'il se trouve dans son corps physique. Mais dans les conditions astrales totalement différentes, des organes spécialisés ne sont pas nécessaires pour atteindre à ce résultat; il y a, dans chaque partie du corps astral, de la matière susceptible de répondre de cette façon et, par conséquent, l'homme qui fonctionne dans ce véhicule voit également bien les objets qui se trouvent derrière lui, au-dessous de lui, au-dessus de lui, sans avoir besoin de tourner la tête.

Il y a pourtant un autre point dont il ne serait guère juste de ne pas tenir du tout compte, et c'est la question des chakras mentionnés plus haut. Les étudiants en théosophie sont familiers avec l'idée de l'existence, à la fois dans les corps astral et éthérique de l'homme, de certains centres de forces qui ont besoin d'être vivifiés, le moment venu, par le serpent de feu sacré, à mesure que l'homme progresse dans son évolution. Bien qu'on ne puisse pas décrire ces centres comme étant des organes au sens ordinaire du mot, —puisque ce n'est pas grâce à eux que l'homme voit ou entend comme il le fait dans sa vie physique par ses yeux et ses oreilles, — c'est néanmoins de leur vivification que dépend en apparence, dans une large mesure, le pouvoir d'exercer ces sens astrals, chacun d'entre eux donnant, selon son développement, au corps astral tout entier, le pouvoir de répondre à une catégorie nouvelle de vibrations.

Il n'y a d'ailleurs, non plus, aucune formation permanente de matière astrale en rapport avec ces centres. Ceux-ci sont de simples tourbillons dans la matière du corps, tourbillons à travers desquels toutes les molécules passent à leur tour, et peut-être des points où la force plus haute des plans supérieurs exerce un choc sur le corps astral. Cette explication elle-même ne donne qu'une idée très incomplète de leur apparence, car ce sont en réalité des tourbillons à quatre dimensions ; ce qui fait que la force qui en provient et qui est la cause de leur existence, semble n'avoir sa source nulle part. Mais puisque toutes les molécules passent à tour de rôle par chacun de ces tourbillons, on comprendra, tout au moins, qu'il est ainsi possible à chacun, son tour venu, de faire naître dans toutes les molécules du corps le pouvoir de réceptivité d'une certaine catégorie de vibrations, de sorte que tous les sens astrals soient également actifs dans toutes les parties du corps.

La vision du plan mental est, à son tour, totalement différente, car ici nous ne pouvons plus parler de sens séparés comme la vue et l'ouïe, mais il nous faut plutôt rechercher un sens général qui réponde si parfaitement aux vibrations qui l'atteignent, que dès qu'il vient à reconnaître la présence d'un objet quelconque, il se l'assimile complètement, et, pour ainsi dire, le voie, l'entende, le sente, et sache instantanément du même coup, tout ce qu'il est possible de savoir de lui. Pourtant, cette merveilleuse faculté ne diffère que par son intensité et non par son espèce, de celles dont nous pouvons actuellement disposer ; sur le plan mental tout comme sur le plan physique, les impressions sont encore transmises par des vibrations qui voyagent de l'objet vu à celui qui voit.

Sur le plan bouddhique nous rencontrons pour la première fois une faculté nouvelle qui n'a rien de commun avec celles dont nous avons parlé, car ici c'est par une méthode entièrement différente et dans laquelle les vibrations externes ne jouent aucun rôle, que l'homme prend connaissance d'un objet quel qu'il soit. L'objet devient partie de lui-même et il l'étudie de l'intérieur au lieu de l'étudier de l'extérieur. Mais la clairvoyance ordinaire n'a rien à voir avec ce pouvoir-là.

Le développement entier ou partiel de l'une quelconque de ces facultés se rattacherait à notre définition de la clairvoyance — ou pouvoir de voir ce qui est caché à la vue physique ordinaire. Mais ces facultés peuvent être développées de diverses façons et il convient de dire quelques mots de chacune d'elles.

Il nous est permis de présumer que s'il était possible qu'un homme fût, durant sa période d'évolution, isolé de tout excepté des influences extérieures les plus douces, et qu'il pût se développer dès l'origine d'une manière parfaitement régulière et normale, il développerait probablement aussi ses sens dans un ordre régulier. Il verrait ses sens physiques, graduellement étendre leur rayon jusqu'à ce qu'ils répondissent à toutes les vibrations physiques, aussi bien celles d'essence éthérique que celles de matières plus denses ; et, progressivement ensuite, la sensibilité viendrait à la partie plus grossière du plan astral, puis peu après à la partie plus subtile, jusqu'à ce que dans le temps voulu la faculté du plan mental s'éveillât à son tour.

Dans la vie réelle, toutefois, c'est à peine si l'on connaît de développement aussi régulier que celui-là et bien des hommes ont, de temps en temps, des lueurs d'état de conscience astral en dehors de tout éveil de vision éthérique. Cette irrégularité de développement est une des causes principales de l'extrême facilité de l'homme à se tromper dans les questions de clairvoyance — danger d'erreur auquel il ne peut échapper si ce n'est par un long et minutieux enseignement donné par un maître qualifié.

Ceux qui étudient la littérature théosophique savent bien qu'on peut trouver de tels maîtres, et que, même dans ce dix-neuvième siècle matérialiste, le vieil adage est encore vrai, que « lorsque l'élève est prêt à apprendre, le, maître est prêt à enseigner » et que « le disciple trouvera toujours son Maître au Vestibule de la Science, dès qu'il sera capable d'y entrer ». Ils savent bien aussi que ce n'est que sous une telle direction qu'un homme peut développer en sécurité et avec certitude ses forces latentes, puisqu'ils savent à quel point, fatalement, le clairvoyant inexpérimenté est apte à se tromper soi-même sur le sens et la valeur de ce qu'il voit ou même à dénaturer complètement sa vision en l'abaissant au niveau de son état de conscience physique.

Il ne s'en suit pas que l'élève même qui reçoit une instruction régulière touchant l'emploi des forces occultes, les trouvera se présenter exactement dans cet ordre régulier indiqué plus haut en tant qu'idéal probable. Ses précédents progrès peuvent ne pas avoir été tels qu'ils lui rendent cette route la plus facile ou la plus désirable à suivre ; mais il est tout au moins entre les mains de quelqu'un qui est parfaitement en mesure de le guider dans son développement spirituel et il conserve la conscience absolue que le chemin qu'on lui fait parcourir est bien celui qui lui vaut le mieux.

Il y trouve un autre grand avantage, à savoir que, quelles que soient les facultés qu'il puisse acquérir, elles sont définitivement sous son contrôle et peuvent être employées complètement et constamment dès qu'il en a besoin pour son travail théosophique; tandis que, chez l'homme qui n'a pas reçu d'enseignements, ces forces ne se manifestent souvent que partiellement et par à-coups et semblent aller et venir, en quelque sorte, selon leur bon plaisir.

On peut répondre avec raison que, si la faculté de clairvoyance est, comme on l'a dit partie du développement occulte de l'individu, et par conséquent signe d'un certain progrès accompli dans ce sens, il paraît étrange que cette faculté soit souvent possédée par des gens primitifs ou par les ignorants et les incultes de notre propre race —individus qui sont manifestement sans développement aucun, à quelque point de vue qu'on les regarde. Il n'est pas douteux que ceci semble étrange au premier abord; mais la vérité est que la sensibilité du sauvage ou de l'ignare européen, vulgaire et grossier, ne ressemble réellement en rien à la faculté de son frère convenablement instruit, et qu'elle ne s'acquiert pas de la même façon.

Une explication exacte et minutieuse de la différence qui les sépare, nous obligerait à des détails techniques assez abstraits, mais peut-être qu'un exemple pris au plan le plus bas de la clairvoyance, en proche contact avec le plan physique plus dense, suffira à donner une idée générale de ce qui les distingue. Le double éthérique, chez l'homme, est en rapport extrêmement étroit avec son système nerveux, et toute espèce d'action sur l'un réagit rapidement sur l'autre.

Or, dans la forme sporadique de la vision éthérique chez le sauvage —qu'il soit du centre de l'Afrique ou de l'Europe occidentale— on a observé que le trouble nerveux correspondant se localise presque entièrement dans le système sympathique et que la faculté en question est indépendante de la volonté de l'individu, et n'est en réalité qu'une espèce de sensation grossière appartenant vaguement au corps éthérique tout entier, plutôt qu'une perception des sens exacte et définie communiquée par un organe spécialisé.

Comme chez les races plus récentes et à un degré de développement plus élevé, la force de l'homme prend une part de plus en plus grande à l'évolution des facultés mentales, cette vague sensibilité disparaît généralement; mais plus tard encore, alors que l'homme spirituel commence à se révéler, il reconquiert son pouvoir de clairvoyance. Cette fois-ci, alors, la faculté est précise; elle est exacte; la volonté de l'homme en est maîtresse; elle est produite par un organe des sens déterminé; et il est remarquable que toute action nerveuse s'exerçant en sympathie avec cette faculté, siège alors presque exclusivement dans le système cérébro-spinal. Voici ce qu'écrit Mme Besant à ce sujet:

«Les aspects inférieurs de psychisme sont plus fréquents chez les animaux et chez les êtres humains très inintelligents que chez les hommes et les femmes dont les forces intellectuelles sont bien développées. Ces aspects de psychisme semblent être en rapport avec le système sympathique et non avec le système cérébro-spinal. Les grandes cellules nodales ganglionnaires de ce système, contiennent une très grande quantité de matière éthérique et, partant, sont plus aisément soumises aux vibrations astrales plus grossières, que ne le sont les cellules où cette quantité est moindre. A mesure que se développe le système cérébro-spinal et que le cerveau évolue, le système sympathique reste dans une situation inférieure et la sensibilité aux vibrations psychiques est dominée par les vibrations plus fortes et plus actives du système nerveux supérieur. Il est vrai qu'à un stade plus avancé de l'évolution psychique, la sensibilité réapparaît, mais elle se trouve alors développée —en rapport avec les centres cérébro-spinaux, et soumise au contrôle de la volonté. Mais le psychisme hystérique et désordonné dont nous voyons de si lamentables exemples, est dû au petit développement du cerveau et à la prédominance du système sympathique. »

L'homme d'une haute culture et d'un esprit religieux éprouve cependant, parfois, des lueurs de clairvoyance, quand bien même il n'aurait jamais entendu parler de la possibilité d'éduquer une faculté pareille. Dans son cas, de semblables lueurs signifient généralement qu'il approche de ce stade de son évolution où les forces commenceront naturellement à se manifester et où leur apparition devrait lui servir de stimulant nouveau à tâcher de maintenir ce haut niveau de pureté morale et d'équilibre mental sans lesquels la faculté de clairvoyance est, pour qui la possède, non pas une grâce, mais une malédiction.

Entre ceux qui sont complètement insensibles et ceux qui sont en pleine possession du pouvoir clairvoyant, il y a de nombreux degrés intermédiaires. Il en est un qui vaut la peine d'être considéré en passant ; c'est celui où l'homme, bien que n'ayant aucune faculté de clairvoyance dans la vie courante, en accuse cependant plus ou moins sous l'influence du magnétisme. Dans ce cas, la nature psychique est déjà sensitive, mais l'état de conscience n'est pas encore capable de s'y manifester parmi les distractions sans nombre de la vie physique. Cette nature psychique a besoin d'être mise en liberté par l'arrêt momentané des sens extérieurs au cours de la transe mesmérique, avant qu'elle puisse se servir des facultés plus divines qui ne font que commencer de naître en elle. Mais, bien entendu, même dans la transe mesmérique, il y a d'innombrables degrés de lucidité, depuis le patient ordinaire qui n'y comprend littéralement rien, jusqu'à l'homme dont le pouvoir de vision est entièrement entre les mains de l'opérateur et peut être dirigé en quelque sens qu'il lui plaise, ou jusqu'au stade plus avancé dans lequel, l'état de conscience, une fois mis en liberté, échappe complètement à l'influence du magnétiseur et s'élance dans des champs de vision exaltée où il est parfaitement hors de portée de celui-ci.

Un autre stade, dans cette même voie, est celui où ne s'impose pas une suppression d'activité physique aussi absolue que dans la transe hypnotique, mais où le pouvoir de la vision supranormale —et quoique hors de portée pendant la vie éveillée— devient accessible quand le corps est en proie au sommeil normal. C'est à ce stade de développement que se trouvaient beaucoup d'entre les prophètes et les voyants dont nous entendons parler, et qui étaient «prévenus de Dieu en rêve», ou en communion avec des êtres placés infiniment plus haut qu'eux, dans les veilles silencieuses de la nuit.

La plupart des gens cultivés des races supérieures de ce monde possèdent dans une certaine mesure ce genre de développement : c'est-à-dire que les sens de leur corps astral sont en excellent état de fonctionnement et parfaitement capables de recueillir des impressions d'objets ou d'entités du même plan que le leur. Mais, pour que cette disposition leur soit ici-bas, dans leur corps physique, d'une utilité quelconque, deux changements sont habituellement nécessaires ; il faut d'abord, que l'Ego soit éveillé aux réalités du plan astral et amené à sortir de la chrysalide que forment ses propres pensées à leur éveil, puis qu'il regarde autour de lui afin d'observer et d'apprendre, en second lieu, que l'Ego, au moment de son retour dans son corps physique, conserve suffisamment son état de conscience, pour pouvoir fixer dans son cerveau physique le souvenir de ce qu'il a vu ou appris.

Si la première de ces modifications s'est produite, la seconde est de peu d'importance, puisque l'Ego, l'homme véritable, sera en mesure de bénéficier des impressions qu'il aura recueillies sur ce plan, quand bien même il n'aurait pas la satisfaction d'en conserver la moindre souvenance dans sa vie éveillée, ici-bas.

Il arrive souvent que des élèves demandent sous quelle forme cette faculté de clairvoyance se manifesta d'abord en eux, comment il leur sera possible de connaître le moment où ils auront atteint ce stade où les premières vagues manifestations commencent à se faire sentir. Les cas diffèrent si complètement les uns des autres qu'il est impossible de faire à cette question une réponse qui s'applique universellement.

Il y a des personnes qui commencent par faire comme une espèce de plongeon, et qui, grâce à un stimulant inusité, deviennent capables —pour une seule fois— d'apercevoir quelque frappante vision ; et très souvent, dans un cas semblable, comme l'expérience ne se répète pas, le voyant finit par croire qu'il a dû être, en cette circonstance, victime d'une hallucination. D'autres débutent en percevant, de temps en temps, des couleurs brillantes et des vibrations de l'aura humaine ; et d'autres encore se trouvent voir et entendre avec une fréquence qui va croissant, des choses et des sons auxquels ceux qui les entourent sont aveugles et sourds; d'autres enfin voient des visages, des paysages, ou des nuages de couleur flottant devant leurs yeux, dans l'obscurité, avant qu'ils ne s'endorment; tandis que, peut-être, la plus commune des manifestations est celle des gens qui, pour commencer, se rappellent avec une précision toujours de plus en plus grande, ce qu'ils ont vu et entendu sur d'autres plans durant leur sommeil.

Maintenant que nous avons, dans une certaine mesure, déblayé le terrain, nous pouvons poursuivre notre étude par l'examen de divers phénomènes de clairvoyance.

Ils diffèrent à un tel point, à la fois par le caractère et l'intensité, qu'il n'est pas très facile de dire comment il convient le mieux de les classer.

Nous pourrions, par exemple, les grouper suivant la nature de vision employée, —selon qu'elle serait mentale, astrale, ou simplement éthérique. Nous pourrions les distinguer d'après la capacité du clairvoyant, en considérant si ce dernier a ou n'a pas reçu d'enseignement; ou bien, si sa vision est régulière et s'il en est maître, ou si elle est spasmodique et indépendante de sa volonté; s'il ne peut l'exercer que lorsqu'il est sous l'influence magnétique, ou s'il peut se passer de ce secours; s'il peut faire usage de sa faculté alors qu'il est éveillé dans son corps physique ou seulement lorsqu'il se trouve temporairement séparé de ce corps, quand il dort ou quand il est en transe.

Toutes ces distinctions sont importantes et nous aurons, au fur et à mesure, à les prendre toutes en considération, mais peut-être qu'en somme la classification la plus utile sera basée sur celle qu'a adoptée M. Sinnet dans son *Rational analysis of Mesmerism*([1]), un livre, entre parenthèses, que devraient lire tous ceux qui étudient la clairvoyance. Lorsque nous nous occuperons des phénomènes qu'elle présente, nous les classerons de préférence selon la capacité de la vision employée plutôt que suivant le plan où cette vision s'exerce, en sorte que nous pourrions grouper des exemples de clairvoyance sous des titres du genre de ceux-ci:

1° *Clairvoyance simple* — c'est-à-dire, simplement, la faculté de la vue, qui permet à qui la possède de voir n'importe quelles entités astrales ou éthériques présentes autour de lui, mais faculté qui ne comporte pas le pouvoir d'observer des lieux ou des événements lointains appartenant à d'autres époques que la notre.

2° *Clairvoyance dans l'espace*; — ou capacité de voir des lieux ou des événe-

---

[1] *Analyse raisonnée du Mesmérisme* (NDT).

ments éloignés du voyant dans l'espace, et qui sont, ou trop distants pour qu'on puisse normalement les observer, ou cachés par des objets intermédiaires.

3° *Clairvoyance dans le temps*; — c'est-à-dire la faculté de voir des objets ou des événements qui sont éloignés du voyant dans le temps, ou, en d'autres termes, le pouvoir de regarder dans le passé ou dans l'avenir.

17

CHAPITRE II
CLAIRVOYANCE SIMPLE : COMPLÈTE

Nous avons défini cette clairvoyance : la simple action de la vue éthérique ou astrale, grâce à laquelle celui qui l'exerce peut voir tout ce qui se trouve autour de lui sur des niveaux correspondants ; mais cette faculté n'est en général pas accompagnée de celle qui permet de voir quelque chose de très lointain ou de lire dans le passé ou dans l'avenir. Il est cependant impossible d'exclure ces dernières facultés, car la vue astrale a nécessairement une puissance beaucoup plus considérable que la vue physique, et des fragments de tableaux à la fois du passé et de l'avenir sont souvent visibles, à l'occasion, même pour les clairvoyants qui ne savent pas comment les rechercher spécialement, mais il y a néanmoins une distinction très réelle entre de pareilles lueurs accidentelles et le pouvoir défini de la projection de la vue soit dans l'espace, soit dans le temps.

Chez les gens sensitifs, nous trouvons à tous les degrés cette espèce de clairvoyance, depuis celle de l'homme qui reçoit une vague impression méritant à peine le nom de vision, jusqu'à la possession complète de la vision éthérique et astrale, respectivement. La méthode la plus simple consisterait peut-être pour nous à décrire ce qui serait visible, dans le cas de ce développement plus parfait du pouvoir en question, car l'on verra alors tout naturellement, dans quelles circonstances se manifeste sa possession partielle.

Considérons, d'abord la vision éthérique. Elle consiste, simplement, comme nous l'avons déjà dit, en une sensibilité à une catégorie beaucoup plus importante de vibrations physiques qu'à l'ordinaire, mais néanmoins cette faculté permet de voir bien des choses auxquelles la majorité des hommes reste aveugle. Examinons les changements que l'acquisition de cette faculté apporte à l'aspect d'objets familiers, animés ou inanimés, et voyons ensuite en présence de quels nouveaux facteurs elle nous met. Mais il faut se rappeler que ce que je vais décrire est le résultat de la possession complète et parfaitement maîtrisée de la seule faculté en question, et que la plupart des cas que l'on rencontrera dans la vie réelle seront susceptibles d'en manquer beaucoup, dans un sens ou dans un autre.

Le changement le plus frappant que l'acquisition de cette faculté produit dans l'aspect des objets inanimés consiste en ce que la plupart d'entre eux deviennent presque transparents, ce qui est dû à la différence de longueur des ondes de certaines vibrations auxquelles l'homme se trouve être devenu sensible. Il se trouve capable d'accomplir avec la plus grande facilité le prodige proverbial de « voir au travers d'un mur de briques », car le mur de briques semble ne pas avoir, pour sa vue nouvellement acquise, plus de consistance qu'une brume légère. Il voit, par conséquent, ce qui se passe dans une pièce voisine, à peu près comme si la cloison qui l'en sépare n'existait point ; il peut décrire avec précision le contenu d'une boîte fermée ou lire une lettre cachetée ; avec un peu d'habitude, il peut lire un passage déterminé dans un livre fermé. Ce dernier exploit, quoique parfaitement facile à accomplir avec la vision astrale, présente une énorme difficulté pour celui qui se sert de la vue éthérique, par suite de ce fait que chacune des pages du livre doit être regardée à travers toutes celles qui lui sont superposées.

On demande souvent si, dans de pareilles circonstances, c'est toujours que l'homme voit avec cette vue anormale ou bien si ce n'est seulement que lorsqu'il le veut. La réponse est que si la faculté est parfaitement développée, il sera entièrement maître d'elle et pourra à volonté se servir de cette vue anormale ou de sa vue plus ordinaire. Il passera de l'une à l'autre aussi aisément et aussi naturellement que nous changeons le foyer de nos yeux lorsque nous levons le regard de dessus notre livre pour suivre les mouvements d'un objet qui se trouve à un mille de distance. C'est, en quelque sorte, une concentration de l'état de conscience sur l'un ou l'autre aspect de ce que l'on voit ; et quand bien même l'homme aurait très nettement en vue l'aspect sur lequel son attention est momentanément fixée, il resterait toujours vaguement conscient aussi de l'autre aspect tout comme, lorsque nous concentrons notre regard sur un objet que nous tenons entre les mains, nous voyons vaguement, cependant et à l'arrière-plan, le mur de la pièce, en face de nous.

Un autre curieux changement qui accompagne la possession de cette vue, consiste en ce que le sol sur lequel l'homme marche lui semble, dans une certaine mesure, transparent, en sorte qu'il peut voir à l'intérieur de ce sol, à une profondeur considérable, tout comme nous pouvons voir ce qui se passe dans une eau suffisamment claire. Cela lui permet de suivre un animal qui se cache sous terre, de reconnaître une veine de charbon ou de minerai, si elle ne se trouve pas trop loin de la surface du sol, et ainsi de suite.

La limite de la vue éthérique, lorsque nous regardons au travers d'une matière opaque, nous paraît analogue à celle qui nous arrête lorsque nous plongeons notre regard dans la brume ou dans l'eau. Nous ne pouvons pas voir au delà d'une certaine distance parce que le milieu au travers duquel nous regardons n'est pas tout à fait transparent.

Pour l'homme qui a accru dans cette mesure la puissance de sa vue, l'apparence des objets animés se modifie aussi considérablement. Les corps des hommes et des animaux lui sont en général transparents, de sorte qu'il peut surveiller l'action des divers organes intérieurs et diagnostiquer, dans une certaine mesure, quelques-unes de leurs maladies.

Cette vision amplifiée lui permet aussi de percevoir plus ou moins distinctement diverses catégories de créatures, élémentals ou autres, dont les corps ne sont capables de réfléchir aucun des rayons qui se trouvent dans le rayon du spectre tel qu'on le voit d'ordinaire. Parmi les entités ainsi vues se trouveront certaines espèces inférieures d'esprits de la nature, celles dont les corps sont formés de la matière éthérique la plus dense. C'est à cette catégorie qu'appartiennent presque toutes les fées, les gnomes et les lutins au sujet desquels il subsiste encore tant d'histoires, dans les montagnes d'Écosse et d'Irlande et dans les villages perdus du monde entier.

Le vaste royaume des esprits de la nature est principalement un royaume astral, mais il en est cependant une grande partie qui appartient au domaine éthérique du plan physique, et naturellement cette partie-là est, bien plus que les autres, à la portée des individus ordinaires. En fait, quand on lit les banales histoires de fées, on rencontre fréquemment des indications qui montrent nettement que c'est à cette catégorie-là que nous avons affaire. Ceux qui s'intéressent aux contes de fées se rappelleront comme il est souvent fait mention de quelque drogue ou de quelque onguent mystérieux qui, appliqué sur l'œil de l'homme, le met à même de voir les membres du royaume des fées, chaque fois qu'il lui arrive de les rencontrer.

On raconte, si constamment et dans tant de parties différentes du monde, l'histoire d'un baume semblable et des résultats qu'on obtient grâce à lui, qu'il doit très certainement se cacher là quelque vérité, comme on en trouve toujours sous toute tradition vraiment populaire. Eh bien, il n'existe pas d'onguent, quel qu'il soit, qui pourrait seul, en aucune manière, donner la vue astrale à un individu, bien que certaines onctions faites sur le corps puissent grandement aider le corps astral à quitter en toute conscience le corps physique, fait dont la connaissance semble avoir survécu même aux temps moyenâgeux, comme le montrent les débats dans les procès faits aux sorciers. Mais l'application d'un baume sur l'œil physique pourrait très facilement stimuler sa susceptibilité, suffisamment pour le rendre sensible à certaines des vibrations éthériques.

Les contes disent fréquemment aussi comment, lorsque l'être humain qui s'est servi de cet onguent mystique divulgue en quelque façon sa vision accrue à une fée, celle-ci le frappe dans l'œil ou le lui crève, le privant ainsi non seulement de la vue éthérique, mais aussi de celle du plan physique plus dense [2]. Si ç'avait bien été la vue astrale que l'homme aurait acquise grâce à l'onguent, une semblable cruauté de la part de la fée eût été parfaitement vaine, car il n'est pas de blessure faite à l'organe physique, qui pourrait porter atteinte à une faculté astrale; mais dans le cas où la vue procurée par l'onguent aurait été éthérique, la destruction de l'œil physique l'éteindrait aussitôt dans la plupart des cas, puisque l'œil est l'organe grâce auquel s'effectue cette vue éthérique.

Quiconque posséderait la vision dont nous parlons pourrait aussi percevoir le double éthérique de l'homme; mais étant donné que ce double est à ce point semblable au corps physique par la taille, c'est à peine s'il attirerait son attention à moins qu'il ne fût partiellement projeté pendant la transe ou sous l'influence d'anesthésiques. Après la mort, lorsqu'il se retire complètement du corps dense, ce double lui serait nettement visible et il le verrait fréquemment, en passant dans quelque cimetière, planer sur de récentes sépultures. S'il assistait à une séance de spiritisme, il verrait la matière éthérique s'échapper du flanc du médium et pourrait observer les divers emplois qu'en font les entités correspondantes.

Un autre fait qui ne pourrait guère manquer longtemps de s'imposer à son attention, serait l'extension de sa faculté de percevoir la couleur. Il se trouverait capable de voir plusieurs couleurs entièrement nouvelles ne ressemblant pas le moins du monde à aucune de celles qui composent le spectre tel que nous le connaissons, et par conséquent tout à fait indescriptibles dans le langage dont nous nous servons. Et il ne verrait pas seulement des objets nouveaux de couleurs parfaitement nouvelles, mais il découvrirait encore des changements dans la couleur de quantité d'objets tout à fait familiers, suivant qu'ils auraient ou non des teintes de ces nouvelles couleurs mélangées aux anciennes. En sorte que deux surfaces d'une couleur déterminée qui, pour des yeux ordinaires, sembleraient rigoureusement identiques, présenteraient souvent à sa vue plus perçante des nuances nettement différentes.

Nous avons donc passé en revue quelques-uns des changements principaux qui modifieraient la vie d'un homme s'il acquérait la vue éthérique; et il faut toujours se souvenir que, dans la plupart des cas, un changement correspondant viendrait en même temps à se produire dans les autres sens, de sorte qu'il serait capable d'entendre et peut-être même de sentir plus finement que la majorité de

---

[2] Voyez *The Science of fairy Tales* (*La Science des Contes de fées*), par E. S. Hartland, dans les séries de « la Science Contemporaine » ou voyez même tout simplement n'importe quel recueil important de contes de fées.

ceux qui l'entoureraient. Eh bien, en supposant qu'il acquît, au surplus, la vision du plan astral, quelles autres transformations observerait-on en lui ?

Ces transformations seraient nombreuses et grandes ; en fait, un monde nouveau tout entier s'ouvrirait à ses yeux. Considérons-en brièvement ses merveilles, si vous le voulez bien, dans le même ordre que précédemment, et voyons d'abord quelles seraient les différences dans l'aspect des objets inanimés. Je puis, à ce propos, rapporter tout d'abord une curieuse et récente réponse, donnée dans le *Vâhan*.

« Il y a une différence bien nette entre la vue éthérique et la vue astrale, et c'est cette dernière qui semble correspondre à la quatrième dimension.

« Le moyen le plus facile de comprendre cette différence est de prendre un exemple. Si vous regardiez un homme par le moyen de l'une et l'autre vue, à tour de rôle, vous verriez, dans les deux cas, les boutons qui se trouvent au dos de son vêtement ; seulement, lorsque vous vous serviriez de la vue éthérique, vous les verriez au travers de lui, et leur attache vous semblerait être le plus près de vous ; tandis que si vous les regardiez astralement, vous ne les verriez pas seulement comme je viens de dire, mais encore de l'autre côté, comme si vous vous trouviez à la fois derrière et devant l'individu.

« Ou encore : si vous regardiez éthériquement un cube de bois sur toutes les faces duquel on aurait écrit, vous pourriez voir au travers de ce cube, comme s'il était de verre, et l'écriture du côté opposé et le plus éloigné de vous vous apparaîtrait renversée, alors que l'écriture tracée sur les côtés droit et gauche ne vous apparaîtrait pas clairement, à moins que vous ne bougiez, parce que vous la regarderiez de profil. Mais si vous regardiez le cube astralement, vous en verriez toutes les faces en même temps et sur toutes l'écriture vous apparaîtrait à l'endroit, comme si le cube entier avait été développé devant vous ; vous verriez même chaque parcelle de l'intérieur du cube, — et non pas les unes *à travers* les autres, mais toutes sur un même plan. Vous regarderiez le cube sous un autre angle, un angle qui serait droit par rapport à toutes les directions que nous pouvons imaginer.

« Si vous regardez éthériquement une montre du côté du boîtier, vous en voyez *au travers tous les rouages*, et à travers ces rouages, vous voyez le cadran, mais à l'envers ; si vous regardez cette même montre astralement, vous voyez le cadran à l'endroit et tous les rouages séparément, côte à côte, sans aucune superposition, quelle qu'elle soit. »

Voilà donc la clé du mystère, le principal facteur de ce changement ; l'homme regarde toutes choses d'un point de vue absolument nouveau, tout à fait en dehors de ce qu'il a pu imaginer auparavant. Il n'éprouve plus la moindre difficulté à lire une page quelconque d'un livre fermé, car il ne la regarde plus, maintenant, à travers les autres pages qui se trouvent devant ou derrière elle, mais directement, comme si c'était la seule page qu'il pût voir. La profondeur à laquelle peut s'étendre un gisement de charbon ou de minerai ne constitue plus un empêchement à ce qu'il le voie, car il ne le regarde plus du tout, maintenant, à travers l'épaisseur du sol qui l'en sépare. La largeur d'un mur ou un certain nombre de murs qui sépareraient l'observateur de l'objet observé contrarieraient singulièrement la clarté de la vue éthérique ; mais ils ne gêneraient en rien la vue astrale, parce que, sur le plan astral, ils ne s'interposeraient pas entre l'observateur et l'objet. Ceci semble certes paradoxal ou impossible et c'est, en effet, tout à fait incompréhensible pour un esprit qui n'a pas été spécialement éduqué à comprendre ce phénomène ; cela n'en est du reste pas moins absolument vrai.

Et ceci nous mène droit au cœur même de la question si débattue de la quatrième dimension, question du plus haut intérêt, bien que nous ne puissions pas prétendre la discuter dans l'espace dont nous disposons. A ceux qui désirent l'étudier comme elle mérite de l'être, je conseille de commencer par lire les *Scientific Romances* [3] de M. C. H. Hinton ou *Another World* [4], du docteur A. T. Schofield, et de continuer par l'ouvrage plus considérable du premier des deux auteurs que je viens de nommer : *A New Era of Thought* [5]. M. Hinton ne prétend pas seulement être capable de concevoir mentalement lui-même certaines des figures à quatre dimensions les plus simples, mais il déclare en outre que quiconque voudra se donner la peine de suivre ses conseils pourra, en persévérant, acquérir pareillement cette conception mentale. Je ne suis pas sûr que le pouvoir de faire cela soit, comme il le pense, à la portée de tout le monde, car il me semble nécessiter de grandes aptitudes mathématiques, mais je puis tout au moins me porter garant que le tesseract ou solide à quatre dimensions qu'il décrit est une réalité, car c'est une figure tout à fait familière sur le plan astral. Il a maintenant mis au point une nouvelle méthode pour représenter les diverses dimensions par des couleurs à la place d'arbitraires symboles écrits. Il dit que cela simplifiera considérablement l'étude, le lecteur se trouvant capable de distinguer instantanément par la vue n'importe quelle partie ou n'importe quel aspect du tesseract.

Une explication complète de cette méthode, ornée de figures, est, dit-on, prête à être mise sous presse et paraîtra d'ici un an, de sorte que ceux qui seraient

---

[3] *Romans scientifiques.*
[4] *Un autre monde.*
[5] *Une Ère nouvelle de la pensée.*

tentés d'étudier ce sujet passionnant feront peut-être bien d'attendre sa publication.

Je sais que Mme Blavatsky, en faisant allusion à la théorie de la quatrième dimension, a exprimé l'opinion que ce n'est qu'une manière gauche de présenter l'idée de la parfaite perméabilité de la matière ; je sais aussi que M. W. Stead a adopté cette façon de voir, et a présenté cette conception à ses lecteurs sous le nom de *thought*. Une étude attentive, souvent répétée et minutieuse, semble toutefois montrer d'une manière très concluante que cette explication ne répond pas à tous les faits. C'est une description excellente de la vision éthérique, mais l'autre idée entièrement différente de la quatrième dimension telle que la présente M. Hinton est la seule qui nous donne une explication quelconque ici-bas des faits constamment observés de la vision astrale. J'ose donc suggérer respectueusement que, lorsque Mme Blavatsky écrivit comme elle l'a fait, elle parlait de la vision éthérique et non astrale et qu'elle ne songeait pas à quel point sa phrase s'appliquait à cette seconde et plus haute faculté qu'elle n'envisageait pas à ce moment-là.

Dans tout ce qui suit, il ne faut jamais perdre de vue la possession de ce pouvoir extraordinaire et à peine définissable. Il livre entièrement aux regards du voyant chaque parcelle de l'intérieur de quelque corps solide que ce soit, absolument de même que chaque endroit dans l'intérieur d'un cercle est visible pour l'individu qui le regarde d'en haut.

Mais ce n'est même pas là tout ce qu'il procure à celui qui en jouit. Celui-là ne voit pas seulement l'intérieur aussi bien que l'extérieur d'un objet quelconque, mais il voit également sa contre-partie astrale. Tout atome et toute molécule de matière physique a ses atomes et ses molécules astrals correspondants, et notre clairvoyant voit nettement le corps que ceux-ci composent. Habituellement, l'astral d'un objet quelconque se projette, en quelque sorte, au delà de la partie physique de cet objet, et c'est ainsi qu'on voit des métaux, des pierres et d'autres corps entourés d'une aura astrale.

On comprendra tout de suite que, même dans l'étude de la matière inorganique, un homme gagne beaucoup à posséder cette vision. Non seulement, il voit la partie astrale d'un objet qu'il regarde, partie qui lui était complètement cachée jusqu'alors ; non seulement, il voit beaucoup plus de sa constitution physique qu'auparavant, mais il voit encore bien plus clairement et exactement ce qui lui était déjà précédemment visible. Un instant de réflexion montrera que sa vision nouvelle se rapproche bien davantage de la perception vraie que la vue physique si, par exemple, il regarde astralement un cube de verre, les côtés lui en paraîtront égaux, comme nous savons qu'ils le sont en réalité, tandis que sur le plan physique il verra le côté le plus éloigné de lui, en perspective, plus petit par conséquent que le côté le plus proche, et cette différence n'est qu'une illusion due à la limitation de ses facultés physiques.

Lorsque nous en venons à considérer les facultés nouvelles que la vision astrale apporte dans l'examen des objets animés, nous voyons plus nettement encore ses avantages. Elle montre au clairvoyant l'aura des plantes et des animaux, et par suite, en ce qui concerne ces derniers, leurs désirs, leurs émotions et leurs pensées, quels qu'ils soient, sont clairement mis devant ses yeux.

Mais c'est surtout à l'endroit des êtres humains qu'il goûtera le plus le prix de cette faculté, car il lui sera souvent permis de leur venir en aide plus efficacement lorsqu'il pourra se guider d'après les indications qu'elle lui fournira.

Il pourra voir l'aura jusqu'à la limite du corps astral, et quoique cette limite cache encore à ses regards tout le domaine supérieur de l'homme, il lui sera cependant possible, s'il observe attentivement, d'apprendre, grâce à ce qui est à sa portée, beaucoup de ce qui concerne ce domaine supérieur. La faculté d'examiner le double éthérique lui sera extrêmement utile pour déterminer et pour classer les faiblesses ou les maladies du système nerveux, quelles qu'elles soient, tandis que l'aspect du corps astral lui fera connaître aussitôt toutes les émotions, les passions, les désirs et les tendances de l'homme qu'il aura en face de lui, ainsi qu'un grand nombre de ses pensées.

A mesure qu'il regardera une personne, il la verra environnée de la brume lumineuse de l'aura astrale, brillant de toutes sortes de couleurs étincelantes, et changeant constamment de ton et d'éclat selon chaque variation dans les pensées et les sentiments de cette personne. Il verra cette aura inondée de la superbe couleur rose de la pure affection, du beau bleu du dévouement, du brun rude et sombre de l'égoïsme, du rouge foncé de la colère, de l'horrible rouge blafard de la sensualité, du gris livide de la crainte, des nuages noirs de la haine et de la malice, ou de l'un quelconque des innombrables sentiments qu'y peut si facilement lire un œil exercé ; et ainsi il sera impossible à n'importe qui de lui cacher l'état véritable de ses pensées sur quelque sujet que ce soit.

Ces indications variées que donne l'aura constituent en elles-mêmes une étude du plus grand intérêt, mais je manque de place pour les examiner en détail ici. On en trouvera dans mon ouvrage sur ce sujet, *l'Homme visible et invisible* [6], un exposé beaucoup plus complet ainsi qu'un grand nombre de planches en couleurs.

L'aura astrale ne montre pas seulement au clairvoyant le résultat temporaire

---

[6] L'homme visible et invisible, rééd. arbredor.com, 2005.

de l'émotion qui la traverse en un moment déterminé, mais elle lui permet encore, grâce à l'arrangement et au rapport de ses couleurs lorsque l'aura se trouve
dans un état de repos relatif, de déterminer les tendances générales et le caractère
de celui qui la possède. Car le corps astral est l'expression de tout ce qui peut se
manifester du tempérament de l'homme sur ce plan, en sorte que ce qu'on y voit
permet d'imaginer, avec une grande certitude, beaucoup plus de ce qui appartient aux plans supérieurs.

Dans ce jugement du caractère des individus, notre clairvoyant sera grandement aidé par tout ce qui s'exprime de leur pensée sur le plan astral et se trouve,
en conséquence, à sa portée. Le véritable asile de la pensée se rencontre sur le plan
mental, et c'est là que toute pensée se manifeste d'abord sous forme de vibration
du corps mental. Mais si cette pensée est le moins du monde égoïste, ou si elle a
un rapport quelconque avec une émotion ou un désir, — elle descend immédiatement dans le plan astral et adopte une forme visible de matière astrale.

Chez la majorité des hommes, toute pensée, pour ainsi dire, ressortirait à l'un
ou l'autre de ces deux chefs : ce qui fait que, pratiquement, leur personnalité tout
entière apparaîtrait nettement à la vision astrale de notre clairvoyant, puisque
leurs corps astrals et les formes-pensées qui en rayonnent constamment lui seraient aussi intelligibles qu'un livre ouvert où leurs traits caractéristiques seraient
écrits en lettres assez grosses pour qu'il fût possible de lire même en courant,
ceux qui chercheraient se faire une idée de la manière dont les formes-pensées
se présentent à sa vision clairvoyante, pourront se satisfaire dans une certaine
mesure en examinant les dessins qui accompagnent l'excellent article de Mme
Besant sur ce sujet dans le numéro de *Lucifer* de septembre 1896 [7].

Nous avons dit quelques mots des changements qui se produisent dans l'apparence des objets animés et inanimés, lorsque ceux-ci sont vus par quelqu'un
qui possède une vision clairvoyante complète, en ce qui concerne le plan astral ;
considérons maintenant les objets entièrement nouveaux que cette personne
verra. Elle aura conscience d'une bien plus grande richesse dans la nature, sous
beaucoup de rapports, mais son attention sera particulièrement attirée par les
citoyens vivants de ce monde nouveau. Il ne nous est pas permis de parler d'eux
en détail dans l'espace dont nous disposons ; à ce sujet, nous renvoyons le lecteur
au n° 5 des *Theosophical Manuals*, c'est-à-dire à l'ouvrage *le Plan astral* [8]. Nous

---

[7] Consulter aussi l'ouvrage *les Formes-pensées*, par A. Besant et C.-W. Leadbeater ; nombreuses
planches coloriées. Rééd. arbredor.com, 2005.
[8] *Le corps astral*, par C.-W. Leadbeater. Rééd. arbredor.com, 2005.

ne pouvons rien faire de plus ici que d'énumérer brièvement quelques-unes des classes seulement de la grande multitude des habitants de l'astral.

Le clairvoyant sera frappé des formes protéennes de la marée incessante d'essence élémentale, tourbillonnant toujours autour de lui, menaçante souvent, mais se retirant toujours cependant en présence d'un effort déterminé de la volonté ; il sera émerveillé par la gigantesque armée d'entités soustraites à cet océan et temporairement appelées à une existence séparée, par les pensées et les désirs, bons ou mauvais, de l'homme. Il verra travailler ou s'amuser les nombreuses catégories d'esprits de la nature, il pourra parfois étudier avec un enchantement toujours croissant l'évolution magnifique de certaines des classes les plus inférieures du glorieux royaume des *devas*, qui correspond approximativement à l'armée des anges de la terminologie chrétienne.

Mais peut-être que les habitants humains du monde astral lui seront d'un intérêt plus palpitant encore, et il verra qu'ils se divisent en deux grandes classes : ceux que nous nommons les vivants, et les autres — dont la plupart sont infiniment plus vivants que nous nommons si stupidement à tort : les morts. Il en trouvera un, çà et là, parmi les premiers, parfaitement éveillé et pleinement conscient, envoyé peut-être pour lui porter quelque message, ou qui l'examinera de près pour voir quels progrès il accomplit ; tandis que la majorité de ses voisins, éloignés de leurs corps physiques durant leur sommeil, se traîneront paresseusement drapés dans leurs propres pensées au point de ne pas se rendre compte, pour ainsi dire, de ce qui se passe autour d'eux.

Parmi la grande multitude de ceux qui sont récemment morts, il trouvera tous les degrés d'états de conscience et d'intelligence et des caractères de toutes espèces ; car la mort qui semble être, pour notre vision limitée, un changement si absolu, ne modifie en réalité rien de l'homme lui-même. Le lendemain de sa mort, il est exactement le même homme que le jour qui la précéda, avec les mêmes tendances, les mêmes qualités, les mêmes vertus et les mêmes vices, — avec cette différence, cependant, qu'il a dépouillé son corps physique ; mais cette perte-là ne fait pas davantage de lui un autre homme que ne le saurait faire le fait d'enlever son pardessus. Ainsi, parmi les morts, notre étudiant trouvera des hommes intelligents et stupides, au cœur bon et moroses, sérieux et frivoles, à l'esprit tourné vers les choses spirituelles ou vers les sensuelles, tout comme parmi les vivants.

Étant donné qu'il a la faculté, non seulement de voir les morts, mais encore de leur parler, il peut leur être souvent très utile en leur donnant des indications et des conseils qui leur sont du plus grand prix. Beaucoup d'entre eux sont dans un état de grande perplexité et parfois même de détresse aiguë, parce qu'ils trouvent que les événements de ce monde nouveau ressemblent si peu aux légendes enfantines qui constituent tout ce que la religion populaire de l'Occident a pu leur offrir sur ce sujet d'une importance transcendante ; et c'est pourquoi l'homme qui comprend ce monde nouveau et peut expliquer les choses est comme un véritable ami pour qui se trouve dans le besoin.

De bien d'autres façons, l'homme qui possède pleinement cette faculté peut être utile aux vivants aussi bien qu'aux morts ; mais j'ai déjà parlé de ce côté-ci de la question dans mon petit livre les *Aides invisibles* [9]. En plus des entités astrales, il verra des corps astrals — ombres ou coques à tous les états de décomposition — mais il nous suffit simplement de les mentionner ici, puisque le lecteur désireux d'en savoir davantage trouvera ce qu'il cherche dans nos troisième et cinquième manuels.

Un autre résultat surprenant que la faculté parfaite de la clairvoyance astrale apporte à l'homme consiste en ce qu'il n'a plus aucune discontinuité de conscience. Quand il se couche le soir il donne à son corps physique : le repos dont il a besoin, cependant qu'il va à ses affaires dans le beaucoup plus confortable véhicule astral. Au matin, il regagne son corps physique, le réintègre, mais sans aucune perte de conscience ou de mémoire entre ces deux états, et il peut vivre, pour ainsi dire, une vie double, qui est unique pourtant, et s'employer utilement pendant sa durée entière, au lieu de perdre un tiers de son existence dans une morne inconscience.

Un autre pouvoir curieux que le clairvoyant peut se trouver posséder (bien que la maîtrise absolue de ce pouvoir appartienne plutôt à l'encore plus haute faculté devakhanique) est celui qui lui permettra d'agrandir à volonté, en leur donnant la dimension qu'il lui plaira, les molécules physiques ou astrales les plus menues, quoiqu'on n'ait jamais fait et qu'on ne fera probablement jamais de microscope qui possède même la millième partie de ce pouvoir grossissant psychique. Grâce à lui, la molécule et l'atome pothétiques recherchés par la science se présentent à celui qui étudie la science occulte sous forme de réalités visibles et vivantes, et cet examen plus proche les lui fait trouver beaucoup plus complexes dans leur structure que l'homme de science n'a encore pu les concevoir. Il pourra suivre aussi avec l'attention la plus soutenue et le plus vif intérêt toutes sortes d'actions électriques, magnétiques ou éthériques ; et quand quelques-uns de ceux qui se spécialisent dans ces diverses branches de la science seront à même d'acquérir la faculté de voir ces choses au sujet desquelles ils écrivent si facilement, on pourra s'attendre à des révélations très extraordinaires et merveilleuses.

---

[9] *Invisible helpers*, réédition arbredor.com, 2005.

Et voici maintenant un des siddhis ou pouvoirs que les livres orientaux disent échoir à l'homme qui s'adonne au développement spirituel, bien que le nom sous lequel on les mentionne puisse ne pas être reconnaissable dès l'abord. On en parle comme de la «faculté de se faire grand ou petit à volonté», et la raison d'une explication qui semble contredire si complètement ce fait est que, en réalité, la méthode grâce à laquelle on accomplit cette action est précisément celle qui est indiquée dans ces anciens livres.

C'est par le moyen d'appareils d'une inconcevable délicatesse que l'on voit si clairement le monde des infiniment petits; et de même (ou plutôt par contre) c'est en augmentant temporairement d'une manière considérable la dimension des appareils ainsi employés, qu'il devient possible d'accroître le champ de sa vision au sens physique aussi bien, espérons-le, qu'au sens moral — bien au delà de tout ce que la science a jamais pu rêver de possible pour l'homme. De sorte que le changement des dimensions réside véritablement dans le véhicule de l'état de conscience de celui qui étudie, et non dans quoi que ce soit en dehors de lui ; et le vieux livre oriental a, en somme, précisé le cas beaucoup plus exactement que nous.

La psychométrie et la seconde vue *in excelsis* seraient aussi au nombre des facultés dont notre ami serait en possession ; mais nous en parlerons plus convenablement dans un prochain chapitre, puisque, dans presque toutes leurs manifestations, ces facultés impliquent la clairvoyance, soit dans l'espace, soit dans le temps.

J'ai maintenant indiqué, quoique dans les plus grandes lignes seulement, ce qu'un étudiant exercé, en possession de la vision astrale complète, verrait dans le monde immensément plus vaste que cette vision lui aurait ouvert ; mais je n'ai rien dit du changement prodigieux survenu dans ses dispositions mentales, changement qui provient de sa certitude expérimentale touchant l'existence de l'âme, sa survie après la mort, le fonctionnement de la loi de Karma, et d'autres points encore d'une importance également primordiale. Il faut sentir, afin de pouvoir l'apprécier, la différence qui existe entre la conviction intellectuelle même la plus profonde et le savoir précis acquis grâce à l'expérience personnelle directe.

CHAPITRE III
CLAIRVOYANCE SIMPLE : PARTIELLE

Les expériences du clairvoyant inexpérimenté —et rappelons-nous que cette catégorie de clairvoyants comprend, à peu d'exceptions près, tous les Européens— seront toutefois très au-dessous, en général, de ce que j'ai essayé d'indiquer ; elles le seront de bien des façons différentes, —en intensité, en variété, en permanence, et surtout en précision.

Parfois, la clairvoyance d'un individu sera permanente, mais très partielle, et ne s'étendra peut-être qu'à une ou deux catégories de phénomènes observables ; il se trouvera doué d'un certain fragment isolé de vision plus haute, sans posséder apparemment d'autres facultés de vision qui devraient normalement accompagner ou même précéder ce fragment en question. C'est ainsi qu'un de mes amis les plus chers a eu toute sa vie la faculté de voir l'éther atomique et la matière astrale atomique, de reconnaître leur composition, dans l'obscurité ou en plein jour, comme pénétrant toutes choses ; pourtant, il n'a vu que rarement des entités dont les corps sont composés d'éthers inférieurs ou de matière astrale plus dense, beaucoup plus visible, et ne peut, dans tous les cas, les voir d'une façon permanente. Il se trouve simplement en possession de cette faculté spéciale, sans raison valable qui l'explique, ou sans aucun rapport visible avec quoi que ce soit d'autre ; et il est difficile de comprendre de quelle utilité spéciale cette faculté peut lui être pour le moment, si ce n'est de lui prouver l'existence de ces plans atomiques et lui en démontrer l'arrangement. Cependant, le fait est là, et c'est un gage de plus grandes choses à venir, —un gage que de nouveaux pouvoirs attendent d'être développés.

Il existe bien des cas semblables ; et quand je dis semblables, je ne veux pas dire : qui le sont par la possession de cette forme particulière de vision (laquelle, à ma connaissance, est unique), mais en ceci, qu'ils montrent le développement d'une petite partie déterminée de la pleine et nette vision des plans astral et éthérique. Neuf fois sur dix, cependant, une clairvoyance partielle du genre de celle que je viens d'exposer manquera en même temps de précision ; c'est-à-dire qu'elle s'embarrassera de beaucoup d'impressions et de conclusions vagues, au lieu d'avoir la netteté de vue que l'on rencontre chez l'homme exercé. On trouve constamment des exemples de ce type de clairvoyants, surtout parmi ceux qui s'intitulent « clairvoyants professionnels ([10]) ».

Il y a aussi ceux qui ne sont que temporairement clairvoyants, et cela dans certaines conditions spéciales. Ils forment plusieurs subdivisions : il en est parmi eux qui peuvent, à volonté, ramener leur état de clairvoyance en renouvelant les conditions où il s'est déjà produit ; chez d'autres, cette clairvoyance vient sporadiquement, sans aucun rapport apparent avec l'entourage, et chez d'autres encore, la faculté n'apparaît qu'une ou deux fois dans tout le cours de leur vie.

A la première de ces subdivisions, appartiennent ceux qui ne sont clairvoyants que pendant la transe mesmérique, et qui sont incapables, s'ils ne sont dans cet état, de voir ou d'entendre rien d'anormal. Ces clairvoyants-là peuvent atteindre parfois à de grandes hauteurs dans la science, et se montrer extrêmement précis dans leurs indications ; mais, lorsqu'il en est ainsi, ils subissent généralement un véritable enseignement, quoiqu'ils soient encore, pour une raison quelconque, incapables de s'affranchir sans secours du poids écrasant de la vie terrestre.

Dans cette même catégorie nous pouvons ranger les clairvoyants —orientaux surtout— qui n'acquièrent une vision temporaire que sous l'influence de certaines drogues, ou par suite de l'accomplissement de certaines cérémonies. Celui qui se livre à ces dernières s'hypnotise parfois par ses paroles ou ses gestes répétés, et, une fois dans cet état, devient clairvoyant jusqu'à un certain point ; plus souvent, il se réduit simplement à un état de passivité, dans lequel une autre entité peut l'obséder et s'exprimer par sa bouche. D'autres fois encore, les pratiques auxquelles il se livre n'ont pas pour but d'agir du tout sur lui-même, mais d'invoquer quelque entité astrale qui lui fournira les indications dont il a besoin ; mais, bien entendu, c'est là un cas de magie et non de clairvoyance. Les drogues et les cérémonies constituent deux méthodes que doit écarter à tout prix celui qui désire atteindre à la clairvoyance sous sa forme la plus élevée, et s'en servir en vue de ses propres progrès et du secours à apporter à autrui. L'homme aux médecines ou le médecin-sorcier de l'Afrique Centrale et quelques-uns des Shamans tartares sont de bons exemples de ce type.

Ceux qui n'ont joui qu'exceptionnellement d'une certaine dose de pouvoir clairvoyant, et sans que leur volonté y ait contribué en rien, ont souvent été des gens hystériques ou extrêmement nerveux, chez qui la faculté en question constituait dans une grande mesure un des symptômes de leur mal. L'apparence de cette faculté montrait que le véhicule physique était affaibli à un tel point qu'il ne présentait plus aucun obstacle à un certain degré de vision éthérique ou

---

[10]   Test and business clairvoyants.

31

astrale. Un exemple caractéristique de cette catégorie d'individus nous est fourni par l'ivrogne atteint du *delirium tremens* et qui, à l'état de ruine physique absolue et d'excitation psychique impure, — conséquence des ravages de ce vice cruel, — peut voir momentanément quelques-uns des repoussants élémentals, ainsi que d'autres entités qu'il a attirées auprès de lui par sa longue faiblesse dégradante et bestiale. Il y a néanmoins d'autres cas où le pouvoir de la vision est apparu et a disparu sans aucun rapport manifeste avec l'état de la santé physique ; mais il semble probable que, même dans ce cas-là, on aurait remarqué, si on avait pu les observer d'assez près, certaines modifications dans l'état du double éthérique.

Il est difficile, à cause de la grande variété des circonstances qui y ont contribué, de classer d'une façon qui soit complète les individus qui, au cours de leur existence tout entière, n'ont à rapporter qu'un seul cas où ils ont possédé la clairvoyance.

Il y en a beaucoup parmi eux, pour qui le fait s'est produit à une heure suprême de leur vie, et l'on comprend qu'il ait pu y avoir une exaltation momentanée de cette faculté, suffisant à justifier le phénomène.

Une subdivision nouvelle intéresserait un cas unique : celui de la vue d'une apparition — le plus communément, celle d'un ami ou d'un parent — au moment de sa mort. Nous pouvons choisir entre deux explications, et, dans chacune, le désir impérieux du mourant est la force qui agit. Cette force peut lui avoir permis de se matérialiser un instant, auquel cas, bien entendu, nulle clairvoyance n'était nécessaire ; ou bien, plus probablement, cette force aura pu agir sur celui qui a éprouvé le pressentiment en question, et aura diminué sa sensibilité physique tandis qu'elle stimulait sa sensibilité plus haute. Dans l'un ou l'autre cas, la vision est le résultat d'une circonstance critique, et elle ne se renouvelle pas, simplement parce que les conditions nécessaires ne se répètent pas non plus.

Il reste, toutefois, une catégorie inexplicable de cas où apparaît un exemple unique de l'inexplicable clairvoyance indubitable, alors même que les circonstances qui la produisent nous paraissent triviales et sans importance. A leur sujet, nous ne pouvons que formuler des hypothèses ; les conditions déterminantes ne se trouvent évidemment pas sur le plan physique, et il serait nécessaire d'étudier séparément chaque cas avant de pouvoir parler avec quelque certitude de ses causes. Il a semblé, parfois, qu'une entité astrale cherchait à faire quelque communication, mais n'était capable de transmettre à son sujet que des détails sans importance, tandis que toute la partie utile ou significative de ce qu'elle avait à dire ne parvenait pas à frapper la conscience de l'individu.

On rencontrera, dans l'étude des phénomènes de clairvoyance, tous ces types variés, ainsi que bien d'autres encore ; un certain nombre de cas d'hallucination pure se présenteront à coup sûr aussi, et il faudra les rayer soigneusement de la liste des exemples. Celui qui étudie un sujet comme le nôtre doit s'armer d'une dose inépuisable de patience et de ferme persévérance, mais s'il va suffisamment loin dans cette étude, il commencera à distinguer faiblement l'ordre en place du chaos et se fera, peu à peu, une idée des grandes lois qui président à la marche de l'évolution tout entière.

Il sera grandement aidé dans ses efforts s'il veut adopter l'ordre que nous venons de suivre ; il prendra d'abord la peine de se familiariser aussi complètement que possible avec les faits réels concernant les plans dont s'occupe la clairvoyance ordinaire. S'il veut ainsi apprendre ce que l'on peut véritablement voir grâce à la vue astrale et éthérique, et quelles sont leurs limites respectives, il aura alors, en quelque sorte, un terme de comparaison pour juger les cas qu'il observera. Puisque tous les cas de vision partielle doivent de toute nécessité trouver place dans ce tout, s'il a en tête les lignes principales de ce plan entier, il trouvera relativement aisé, avec un peu d'habitude, de classer les cas dont il aura à s'occuper.

Nous n'avons encore rien dit des possibilités encore plus étonnantes de clairvoyance sur le plan mental, et il n'est vraiment pas nécessaire d'en parler longuement, étant donné qu'il est infiniment improbable que l'investigateur en ait jamais à rencontrer d'exemples, si ce n'est chez des élèves très exercés dans certaines des plus grandes écoles d'occultisme. Cette clairvoyance sur le plan mental leur ouvre encore un monde nouveau, bien plus vaste que tous ceux qui se trouvent au-dessous de lui, — un monde où tout ce que nous pouvons imaginer de gloire et de splendeur extrêmes constitue le lieu commun de l'existence. Le sixième de nos manuels théosophiques [11], auquel nous renvoyons l'étudiant, donne quelques détails sur sa faculté merveilleuse, son ineffable félicité, et les facilités inouïes que l'on y a pour apprendre et travailler.

Tout ce que ce monde nouveau peut donner est à la portée de l'élève exercé — dans la mesure, toutefois, où il peut se l'assimiler — mais, pour le clairvoyant inexpérimenté, y atteindre n'est guère davantage qu'une simple possibilité. On y est parvenu au cours de la transe mesmérique, mais c'est un phénomène d'une extrême rareté, car il nécessite des aptitudes presque surhumaines sous la forme d'aspirations spirituelles élevées, et d'une absolue pureté de pensée et d'intention, à la fois de la part du sujet et de l'opérateur.

On peut raisonnablement donner le nom de vision spirituelle à un genre de clairvoyance comme celui-là et mieux encore à celle qui appartient au plan qui est juste au-dessus de ce dernier ; et, puisque le monde céleste auquel elle ouvre

---

[11] *Le corps mental*, par C.-W. Leadbeater. Réédition arbredor.com, 2005.

nos yeux s'étend tout autour de nous ici même et à présent, il convient que ce que nous en disons en passant trouve sa place dans le chapitre sur la clairvoyance simple, quoiqu'il puisse être nécessaire d'y revenir quand nous parlerons de la clairvoyance dans l'espace, à laquelle nous allons passer maintenant.

CHAPITRE IV

CLAIRVOYANCE DANS L'ESPACE VOLONTAIRE

Nous avons défini cette espèce de clairvoyance : la faculté de voir des événements ou des paysages éloignés du voyant dans l'espace, et trop distants pour pouvoir être normalement observés. Les exemples de ce genre de clairvoyance sont si nombreux et si variés que nous croyons utile d'en donner une classification un peu plus détaillée. Peu importe quel ordre spécial nous adoptions, pourvu qu'il soit assez vaste pour comprendre tous nos cas ; peut-être conviendra-t-il de les grouper sous les deux appellations générales de clairvoyance volontaire et de clairvoyance involontaire dans l'espace, en ajoutant une classe intermédiaire que l'on pourrait nommer semi-volontaire, mot curieux mais que j'expliquerai plus loin.

Je commencerai, comme précédemment, par exposer ce qui, dans ce genre de clairvoyance, est à la portée du voyant parfaitement instruit, et je m'efforcerai d'expliquer comment cette faculté s'exerce et sous quelles limitations elle agit. Nous nous trouverons alors mieux en état de comprendre les nombreux exemples de vision partielle et inéduquée. Parlons donc d'abord, si vous le voulez bien, de la clairvoyance volontaire.

Il est bien certain, après ce que nous avons déjà dit de la faculté de vision astrale, que celui qui la possédera dans son intégrité sera capable de voir, grâce à elle, en ce monde, pour ainsi dire tout ce qu'il lui plaira.

Son regard pourra pénétrer les endroits les plus cachés, et les obstacles n'existeront pas pour lui, son point de vue s'étant modifié ; de sorte que si nous lui accordons le pouvoir de circuler dans son corps astral, il pourra sans difficulté aller n'importe où et voir n'importe quoi dans les limites de la planète. En fait, cela lui sera possible, dans une très grande mesure, même sans qu'il lui soit besoin de déplacer du tout son corps astral, comme vous allez le voir.

Considérons d'un peu plus près les méthodes selon lesquelles on peut se servir de cette vue supraphysique pour observer des événements se passant à une certaine distance. Comment, par exemple, peut-il se faire qu'un homme qui se trouve ici, en Angleterre, voie au même instant, dans ses plus petits détails, quelque fait qui se passe aux Indes ou en Amérique ?

On a avancé, pour expliquer ce phénomène, une hypothèse très ingénieuse.

On a suggéré que chaque objet projette perpétuellement dans tous les sens, des radiations semblables par certains côtés, quoique beaucoup plus fines qu'elles, à des rayons de lumière, et que la clairvoyance n'est autre chose que la faculté de voir par le moyen de ces radiations plus fines. La distance, dans ce cas, ne constituerait pas un obstacle à la vue ; ces rayons pénétreraient tous les objets intermédiaires et pourraient se croiser à l'infini dans toutes les directions sans se mêler, tout comme le font les vibrations de la lumière ordinaire.

Eh bien, quoique ce ne soit pas là exactement la façon dont se produise la clairvoyance, la théorie n'en est pas moins tout à fait vraie dans la plupart de ses parties. Il n'est pas douteux que chaque objet projette des radiations dans tous les sens, et c'est précisément ainsi, quoique sur un plan supérieur, que les archives akâshiques semblent être formées. Il sera utile de dire quelques mots à leur sujet dans notre prochain chapitre ; nous ne ferons donc que les mentionner pour le moment. Les phénomènes de psychométrie dépendent aussi de ces radiations, comme nous allons l'expliquer tout de suite.

Il y a, toutefois, certaines difficultés d'ordre pratique à se servir de ces vibrations éthériques (car, c'est là, bien entendu, ce qu'elles sont) comme d'un médium grâce auquel on peut voir quelque chose qui se passe à distance. Les objets intermédiaires ne sont pas entièrement transparents, et, comme les acteurs de la scène que l'expérimentateur chercherait à observer seraient probablement au moins aussi transparents que ces objets, il est clair qu'une confusion sérieuse en résulterait probablement.

La dimension supplémentaire qui entrerait en jeu, si les radiations astrales remplaçaient les radiations éthériques, écarterait certaines difficultés, mais apporterait d'autre part des complications nouvelles qui lui seraient propres ; ce qui fait que, dans la pratique, quand nous cherchons à comprendre ce qu'est la clairvoyance, nous devons renoncer à cette hypothèse des radiations de nos esprits, et envisager les méthodes qui consistent à voir à distance, et qui sont actuellement à la disposition de l'étudiant. On verra qu'il en existe cinq, dont quatre sont en réalité des variétés de clairvoyance, tandis que la cinquième ne se range pas du tout sous ce titre, mais appartient au domaine de la magie. Voyons donc d'abord cette dernière variété afin de nous en débarrasser.

1° *Grâce à l'aide d'un esprit de la nature.* — Cette méthode ne comporte nécessairement, la possession d'aucune faculté psychique de la part de l'expérimentateur ; il suffit qu'il sache amener quelque habitant du monde astral à se charger pour lui de la recherche à effectuer. Il peut y parvenir soit par l'invocation, soit par l'évocation ; c'est-à-dire que l'opérateur peut, ou bien persuader par des prières et des offrandes son collaborateur astral de lui donner l'aide dont il a besoin, ou bien forcer cet aide par l'exercice déterminé d'une volonté fortement développée.

On a beaucoup employé, cette méthode en Orient où l'entité mise en cause est généralement un esprit de la nature, et dans la vieille Atlantide où les « Seigneurs à la face noire » se servaient dans ce but d'une variété très spéciale et particulièrement dangereuse d'élémental artificiel. C'est à peu près de cette même façon que l'on obtient parfois de nos jours des indications dans les séances spirites, mais, dans ce cas, le messager dont on se sert est plus probablement un être humain mort récemment, qui se meut plus ou moins librement sur le plan astral, quoique même ici on ait encore affaire quelquefois à un esprit de la nature obligeant, qui s'amuse à se faire passer pour le parent mort de quelqu'un. Dans tous les cas, ainsi que je l'ai déjà dit, cette méthode n'a rien à voir avec la clairvoyance. Elle tient de la magie ; et nous ne la mentionnons ici que pour éviter que le lecteur ne se trompe en cherchant à ranger des cas de cette espèce dans l'un ou l'autre des paragraphes suivants.

2° *Par le moyen d'un courant astral.* — Cette phrase est fréquemment et plutôt librement employée dans certains de nos écrits théosophiques pour désigner une variété considérable de phénomènes au nombre desquels se trouve celui que je me propose d'expliquer.

Ce que l'étudiant qui adopte cette méthode fait en réalité, n'est pas tant la mise en activité d'un courant dans la matière astrale, que l'établissement à travers elle, d'une espèce de téléphone temporaire.

Il m'est impossible de me livrer ici à une dissertation complète sur la physique astrale, alors même que je serais assez savant pour la faire ; tout ce qu'il me faut dire est qu'il est possible d'établir dans la matière astrale une certaine ligne de communication qui fonctionnera comme un fil télégraphique et transportera des vibrations au moyen desquelles on pourra voir tout ce qui se passe à l'autre bout du fil. Comprenez bien qu'une ligne semblable est établie, non par une projection directe de matière astrale à travers l'espace, mais par une certaine action sur une ligne (plutôt sur de nombreuses lignes) des parcelles de cette matière, qui les rendra capables de transmettre les vibrations de l'espèce voulue.

Il y a deux façons d'établir ce mouvement préliminaire, — soit par la transmission d'énergie de particule en particule, jusqu'à ce que la ligne soit établie, soit par l'emploi d'une force d'un plan supérieur, force capable d'agir simultanément sur toute la ligne. Il est certain que cette dernière méthode comporte un développement beaucoup plus grand, puisqu'elle nécessite la connaissance de forces d'un niveau considérablement supérieur et le pouvoir aussi de se servir de ces forces ; de sorte que l'homme qui pourrait établir ainsi sa propre ligne n'aurait pas besoin de ligne du tout, pour son usage personnel, puisqu'il pourrait voir bien plus facilement et complètement grâce à une faculté nettement supérieure.

Même l'opération plus simple et purement astrale est difficile à décrire, bien qu'elle soit tout à fait facile à effectuer. On peut dire qu'elle participe en quelque sorte de la nature de la magnétisation d'une barre d'acier ; car elle consiste en ce que nous pourrions appeler la polarisation, par un effort de la volonté humaine, d'un nombre de lignes parallèles d'atomes astrals s'étendant de l'opérateur à la scène qu'il désire observer. Tous les atomes ainsi influencés sont maintenus pendant ce temps avec leurs axes rigoureusement parallèles les uns aux autres, de manière à former une sorte de tube temporaire par lequel le clairvoyant peut regarder. L'inconvénient de cette méthode est que la ligne télégraphique est sujette à être troublée, ou même détruite si quelque courant astral suffisamment fort la croise par hasard, mais si l'effort de volonté originel est bien déterminé, cette circonstance ne se présente que rarement.

La vue que l'on a par ce «courant astral» d'un spectacle lointain, ressemble en bien des points à ce que l'on en verrait avec un télescope. Les silhouettes humaines apparaissent en général très petites, comme sur une scène éloignée, mais en dépit de leur taille diminuée, elles sont aussi distinctes que si elles se trouvaient tout près. Par ce procédé on peut quelquefois entendre ce qui se dit aussi bien que voir ce qui se fait ; mais comme dans la majorité des cas il n'en est pas ainsi, nous sommes tenus de considérer cette circonstance, plutôt comme la manifestation d'une force additionnelle que comme le corollaire nécessaire de la faculté visuelle.

On observera que, dans ce cas le voyant ne quitte pas du tout, en général, son corps physique ; il n'y a aucune espèce de projection de véhicule astral ou d'aucune partie de lui-même vers ce qu'il regarde, mais il fabrique simplement à son usage un télescope astral temporaire. En conséquence, il a, jusqu'à un certain point, l'usage de ses forces physiques même pendant qu'il considère ce spectacle lointain ; c'est ainsi qu'il reste en général maître de sa voix et pourrait décrire ce qu'il verrait, à l'instant précis de son observation. L'état de conscience de l'homme est, en réalité, nettement tranquille à cette extrémité-ci de la ligne.

Ce phénomène, toutefois, a ses limitations ainsi que ses avantages, qui ressemblent beaucoup encore aux limitations que rencontre l'homme qui se sert d'un télescope sur le plan physique. Par exemple, l'expérimentateur n'a pas le pouvoir d'en modifier le point de vue ; son télescope, a, pour ainsi dire, un champ de vision particulier qui ne peut être ni agrandi ni modifié ; c'est d'une direction déterminée qu'il regarde la scène, et il ne peut pas directement lui faire faire demi-tour et la voir sous l'aspect qu'elle présenterait du côté opposé.

S'il a assez d'énergie psychique à dépenser, il peut abandonner complètement le télescope dont il se sert et en fabriquer un nouveau à son usage, qui rapprochera son objectif d'une manière un peu différente; mais ce n'est pas là du tout un procédé susceptible d'être adopté dans la pratique.

Pourtant, on peut dire que le seul fait pour lui de se servir de la vue astrale devrait le mettre à même de voir le spectacle en question sous toutes ses faces à la fois. Et c'est ce qui se passerait s'il faisait un usage anormal de cette vue sur un objet qui serait assez proche de lui, à sa portée astrale en quelque sorte; mais à une distance de centaines ou de milliers de milles, le cas est très différent. La vue astrale nous fournit l'avantage d'une dimension additionnelle, mais cette dimension n'exclut pas le facteur *position*, qui est naturellement puissant et limite l'emploi des forces de son plan. Notre vue ordinaire qui conçoit trois dimensions, nous permet de voir immédiatement n'importe quel point de l'intérieur d'une figure de deux dimensions, tel un carré; mais, pour qu'il en soit ainsi, encore faut-il que ce carré se trouve à une distance raisonnable de nos yeux; la quatrième dimension additionnelle seule servira à un homme à Londres, mais elle lui sera bien peu utile dans la tentative qu'il pourrait faire d'examiner un carré qui se trouverait à Calcutta.

La vue astrale, gênée qu'elle est lorsqu'on la dirige dans une sorte de tube, se trouve limitée tout comme le serait la vue physique dans des circonstances semblables; pourtant, si on la possède parfaitement, elle continuera à permettre de voir, même à cette distance, les auras, et, par conséquent, toutes les émotions et la plupart des pensées des gens observés.

Il est beaucoup de gens pour qui ce genre de clairvoyance est très facilité par l'emploi d'un appareil physique quelconque pouvant servir de point de départ à leur tube astral, de foyer convenable à leur force de volonté. Une boule de cristal constitue le plus commun et le plus efficace de ces foyers, puisqu'elle a, de plus, l'avantage de posséder en elle-même des qualités qui stimulent la faculté psychique; mais on emploie aussi d'autres objets, dont nous aurons à reparler plus en détail quand nous traiterons de la clairvoyance semi-volontaire.

En rapport avec la forme de clairvoyance qui comporte le courant astral, ainsi qu'avec d'autres, nous trouvons qu'il y a des psychiques qui sont incapables de s'en servir à moins d'être sous l'influence hypnotique. La particularité de ce cas réside en ce qu'il y a deux variétés de ces psychiques; l'une, où l'homme étant ainsi affranchi peut se fabriquer lui-même un télescope; l'autre, où le magnétiseur lui-même fabrique ce télescope, le sujet n'ayant que la faculté de voir au travers. Dans ce dernier cas, le sujet n'a évidemment pas assez de volonté pour se créer lui-même un tube, et l'opérateur, quoiqu'en possession de la force de volonté nécessaire, n'est pas clairvoyant, car, s'il l'était, il pourrait voir à travers son propre tube sans avoir besoin d'aide.

Parfois —bien que rarement— le tube fabriqué possède un autre des attributs du télescope celui d'agrandir les objets sur lesquels on le braque, jusqu'à les faire paraître de dimension naturelle. Il va de soi que les objets doivent toujours être agrandis dans une certaine mesure, sans quoi ils seraient absolument invisibles, mais en général cet agrandissement est déterminé par la taille du tube astral, et ce que l'on voit est simplement un tout petit tableau mouvant. Dans les rares circonstances où, par cette méthode, les objets et les individus apparaissent de leur dimension véritable, il est probable qu'une force entièrement nouvelle commence à poindre ; mais lorsque ceci se produit, il faut observer très attentivement afin de pouvoir distinguer ces phénomènes de ceux que je vais aborder dans le paragraphe suivant.

3° *Par la projection d'une forme-pensée.* — L'aptitude à employer cette méthode de clairvoyance implique un développement un peu plus avancé que ne le nécessite la précédente, puisqu'une certaine maîtrise du plan mental est ici indispensable. Tous ceux qui étudient la théosophie savent que la pensée prend une forme, tout au moins sur son propre plan, et, dans la grande majorité des cas, sur le plan astral également ; mais l'on ne sait peut-être pas d'une façon aussi générale que, si un homme pense énergiquement qu'il se trouve présent dans un endroit donné quelconque, la forme qu'affectera cette pensée particulière sera une image du penseur lui-même, image qui apparaîtra à l'endroit en question.

Essentiellement, cette forme doit se composer de la matière du plan mental, mais dans de très nombreux cas, elle attirerait aussi à elle de la matière du plan astral et se rapprocherait ainsi beaucoup plus de la visibilité.

Il y a même de nombreux exemples où cette forme a été vue par la personne à laquelle on pensait très probablement grâce à l'influence mesmérique inconsciente qui émane du penseur originel. Cette forme-pensée ne comprendrait toutefois rien de l'état de conscience du penseur. Une fois émanée de lui, elle serait normalement une entité tout à fait distincte, qui ne serait pas, à vrai dire, absolument privée de rapports avec son créateur, mais qui le serait presque, en tant qu'il s'agirait de la possibilité de recevoir par elle une impression quelconque.

Ce troisième type de clairvoyance consiste donc dans la faculté de conserver autant de rapport avec une forme-pensée nouvellement créée qu'il sera nécessaire, pour lui permettre de recevoir des impressions par son intermédiaire. Telles impressions qui auraient été faites sur la forme seraient, dans ce cas, transmises au penseur, non par le moyen d'une ligne télégraphique astrale, comme précédemment, mais par vibration sympathique. Dans un cas parfait de ce genre de clairvoyance, c'est presque comme si le voyant projetait dans la forme-pensée une partie de son état de conscience et comme s'il s'en servait comme d'une sorte d'avant-poste d'où il pourrait observer. Il voit alors presque aussi bien que s'il se trouvait lui-même à la place de sa forme-pensée.

Les objets qu'il regarde lui sembleront être de taille normale et proches, et non pas petits et lointains, comme dans les cas précédents; et il lui sera possible de changer son point de vue s'il lui plaît de le faire. La clairaudience est peut-être moins souvent associée à ce type de clairvoyance qu'au dernier, mais elle est, dans une certaine mesure, remplacée par une sorte de perception mentale des pensées et des intentions de ceux qui sont vus.

Étant donné que l'état conscient de l'homme est encore dans le corps physique, il pourra (même pendant qu'il exercera sa faculté de clairvoyance) entendre et parler dans la limite où il sera capable d'accomplir ces deux actions sans détourner son attention. A l'instant même où sa pensée cesse d'être attentive, la vision tout entière disparaît et il lui faudra reconstituer une nouvelle forme-pensée avant de pouvoir la rétablir.

Les exemples où l'on rencontre cette espèce de vue à un degré quelconque de perfection, chez des individus non exercés, sont naturellement plus rares que dans le cas du type de vision précédent, à cause de la capacité requise de maîtrise mentale et la nature généralement plus fine des forces employées.

4° *En voyageant dans le corps astral.* — Nous abordons maintenant une variété entièrement nouvelle de clairvoyance, dans laquelle l'état de conscience du voyant ne reste plus dans le corps physique, ni en relation étroite avec lui, mais est transporté d'une manière déterminée au lieu même de la scène qu'il examine. Quoique cette méthode-ci présente assurément, pour le voyant inexercé, des dangers plus grands que les précédentes, c'est néanmoins le genre de clairvoyance le plus satisfaisant qui soit à sa portée, car la variété infiniment supérieure que nous étudierons dans notre cinquième paragraphe, n'est abordable que des étudiants spécialement entraînés.

Dans ce cas, le corps de l'homme est, soit endormi, soit en transe, et, conséquemment, ses organes ne peuvent fonctionner pendant que dure la vision, ce qui fait qu'il faut attendre pour entendre le récit de ce qui aura été vu et pour poser des questions sur ce qui s'est passé, que l'esprit voyageur regagne ce plan-ci; d'autre part, la vue est beaucoup plus complète et parfaite; l'homme entend aussi bien qu'il voit tout ce qui se passe devant lui et peut se mouvoir librement dans les limites étendues du plan astral. Il peut voir et étudier à loisir tous les habitants de ce plan, de sorte que le grand monde des « esprits de la nature » (dont le traditionnel pays des fées ne constitue qu'une très petite partie) lui est ouvert, ainsi que celui de certains des *devas* inférieurs.

Il jouit aussi de l'immense avantage de pouvoir prendre part, pour ainsi dire, aux scènes qui se passent sous ses yeux, de converser à volonté avec ces diverses entités astrales, qui peuvent nous fournir tant d'indications curieuses et intéressantes. Si, au surplus, il peut apprendre à se matérialiser (ce qui ne lui est pas très difficile une fois qu'il a en saisi le procédé), il pourra aussi participer aux événements ou aux conversations physiques qui auront lieu à une certaine distance et se montrer à volonté à un ami absent.

Il a, de plus, le pouvoir nouveau de rechercher ce dont il a besoin. Par le moyen des variétés de clairvoyance que nous avons déjà décrites, il ne pouvait, jamais en pratique, trouver une personne en un endroit déterminé, que lorsqu'il la connaissait déjà, ou que lorsqu'on le mettait en rapport avec cette personne ou cet endroit en touchant quelque chose qui eût un rapport physique avec eux, comme cela se passe en psychométrie. Il est vrai que, par la troisième méthode, une certaine dose de mouvement est possible, mais ce procédé est fastidieux, sauf quand il s'agit de distances très courtes.

Cependant, par l'emploi du corps astral un homme peut se mouvoir tout à fait librement et rapidement dans n'importe quelle direction, et peut, par exemple, trouver sans difficulté un endroit quelconque qu'on lui aura désigné sur une carte, sans qu'il ait jamais auparavant connu cet endroit, ni aucun objet qui pût établir le rapport avec ce dernier. Il peut facilement aussi s'élever dans les airs et percevoir à vol d'oiseau le pays qu'il examine, se rendre compte de son étendue, du contour de ses côtes, ou de son aspect général. En somme, son pouvoir et sa liberté sont de toute façon beaucoup plus grands quand il emploie cette méthode, qu'ils l'ont été dans aucun des cas précédents.

Selon l'écrivain allemand Jung Stilling, un bon exemple de la possession parfaite de cette faculté est fourni par Mme Crowe, dans *The Night Side of Nature* [12] (p. 127). Elle raconte l'histoire d'un voyant qui est dit avoir vécu dans les environs de Philadelphie, en Amérique. Il menait une existence retirée et parlait peu ; il était grave, bienveillant et pieux, et l'on ne connaissait rien à lui reprocher si ce n'est sa réputation de posséder des secrets qui n'étaient pas considérés comme

---

[12] *Le Côté caché de la Nature.*

entièrement légitimes. On racontait sur lui beaucoup d'histoires extraordinaires et entre autres celle que voici.

La femme d'un capitaine de navire (son mari faisait un voyage en Europe et en Afrique et elle était restée longtemps sans nouvelles de lui) étant accablée d'inquiétude à son sujet, fut réduite à s'adresser au voyant en question. Ayant écouté son récit, celui-ci la pria de vouloir bien l'excuser un moment, après quoi il lui donnerait le renseignement qu'elle désirait. Il passa alors dans une autre pièce et elle s'assit pour attendre ; mais son absence durant plus qu'elle ne l'avait prévu, elle s'impatienta, pensant qu'il l'avait oubliée, et, s'approchant sans bruit de la porte, elle regarda par quelque ouverture et le vit, à sa surprise, étendu sur un sofa, aussi immobile que s'il eût été mort. Naturellement, elle ne jugea pas opportun de le déranger, mais attendit son retour ; il lui dit alors que son mari n'avait pas pu, pour telle ou telle raison, lui écrire, mais qu'il se trouvait à cet instant même dans un café, à Londres, et qu'il serait dans peu de temps de retour chez lui.

Le mari revint en effet et quand sa femme apprit par lui que les causes de son silence inaccoutumé avaient été précisément celles que l'individu lui avaient indiquées, elle fut très désireuse de vérifier ses autres assertions. Là encore, elle reçut satisfaction, car son mari n'eut pas plutôt aperçu le magicien qu'il déclara à ce dernier l'avoir rencontré déjà, un certain jour, dans un café à Londres ; qu'il lui avait dit que sa femme était extrêmement inquiète à son sujet et que sur ce, lui, le capitaine, avait expliqué comment il avait été empêché d'écrire, et ajouté qu'il était à la veille de s'embarquer pour l'Amérique. Après quoi il avait perdu l'étranger de vue dans la foule, et ne savait rien de plus sur son compte.

Nous n'avons, bien entendu, aucun moyen de savoir quelle preuve Jung Stilling a eue de l'authenticité de cette histoire, bien qu'il se déclare entièrement satisfait de l'autorité sur laquelle il s'appuie pour la raconter ; mais tant de phénomènes similaires se sont produits qu'il n'y a aucun motif pour douter de son exactitude. Quoi qu'il en soit, le voyant aura dû, ou bien développer lui-même sa faculté, ou bien apprendre à la développer à quelque autre école que celle où la majeure partie de notre enseignement théosophique est puisé ; car dans nos écoles, il existe une règle très judicieuse, qui défend expressément aux élèves de donner aucune manifestation d'une pareille faculté qui puisse être vérifiée de part et d'autre d'une façon déterminée et constituer ainsi ce que l'on appelle un «phénomène». Les résultats désastreux qui suivirent un relâchement temporaire insignifiant de cette règle, prouvent à tous ceux qui savent quelque chose de l'histoire de notre Société, que c'est là une mesure éminemment raisonnable.

J'ai dans mon petit livre sur *les Aides invisibles*[13], indiqué des cas tout à fait récents presque exactement semblables à celui qui précède. M. Stead, dans ses *Real ghost stories*[14] (p. 27), raconte celui d'une dame, bien connue de moi, qui apparaissait ainsi fréquemment à des amis, au loin, et dans ses *Dreams and ghosts*[15] (p. 89), M. Andrew Lang rapporte comment M. Cleave, qui était alors à Portsmouth, apparut volontairement eu deux circonstances à une jeune fille de Londres, et l'alarma considérablement. Celui qui désire étudier sérieusement cette question pourra recueillir d'innombrables témoignages.

Ces visites astrales volontaires semblent très souvent devenir possibles quand les principes se relâchent à l'approche de la mort, chez des gens qui étaient incapables à tout autre moment d'accomplir un acte pareil. Il existe même plus d'exemples de cas de cette espèce que de l'autre, j'en abrège un excellent, donné par M. Andrew Lang, dans son volume cité plus haut, cas dont il dit lui-même qu'il n'y a pas beaucoup d'histoires qui possèdent d'aussi fortes preuves en leur faveur.

Mary, femme de John Gaffe, de Rochester, terrassée par une longue maladie, se transporta chez ses parents, à West-Mailing, à environ neuf milles de chez elle.

La veille de sa mort, elle se montra très impatiemment désireuse de voir ses deux enfants, qu'elle avait laissés à Rochester, à la garde d'une domestique. Elle était trop malade pour qu'on pût la transporter, et entre une et deux heures du matin elle tomba en état de transe. Une certaine veuve Turner, qui veillait cette nuit-là, dit que ses yeux étaient ouverts, son regard fixe et sa mâchoire pendante. Mme Turner mit sa main sur sa bouche, mais ne put pas sentir de souffle. Elle crut à une attaque et se demanda si elle était morte ou vive.

Le lendemain matin, la moribonde déclara à sa mère qu'elle était allée voir ses enfants, chez elle, et dit : « J'étais avec eux cette nuit pendant mon sommeil. »

La bonne, à Rochester, veuve Alexander de son nom, affirme qu'un peu avant deux heures ce matin-là, elle vit l'image de cette même Mary Gaffe, sortir de la chambre voisine (où l'aîné des enfants était couché seul) la porte étant ouverte, et qu'elle se tint à côté de son lit pendant environ un quart d'heure ; le plus jeune des enfants était couché près d'elle. Ses yeux remuèrent et sa bouche s'agita,

---

[13] Rééd. arbredor.com, 2005.
[14] *Histoires vraies de fantômes.*
[15] *Rêves et fantômes.*

mais elle ne parla point. De plus, la bonne ajoute qu'elle était, elle, parfaitement éveillée ; il faisait clair, car c'était un des jours les plus longs de l'année. Elle s'assit sur son lit et fixa l'apparition. A ce moment elle entendit l'horloge du pont sonner deux heures, et, un instant après elle dit : «Au nom du Père, du Fils et du Saint-Esprit, qui es-tu ?» Là-dessus l'apparition bougea et s'en fût ; la bonne enfila ses vêtements et la suivit, mais ce qu'elle devint, elle ne peut le dire.

Il semble que la bonne ait été plus effrayée par la disparition du fantôme que par sa présence, car elle eut peur, après, de rester dans la maison et passa son temps, jusqu'à six heures, à faire les cent pas dehors. Quand les voisins s'éveillèrent, elle leur raconta son histoire, et, bien entendu, ils répondirent qu'elle avait rêvé tout cela ; elle s'éleva naturellement là contre, mais ne put obtenir créance jusqu'au moment où fut connu le récit de ce qui s'était passé à West-Malling ; après quoi, les gens durent admettre qu'il se pouvait bien qu'il y eut quelque chose de vrai là-dedans !

Un détail remarquable de cette histoire est que la mère trouva nécessaire de passer de son sommeil à un état de transe plus profonde, avant de pouvoir sciemment aller voir ses enfants ; mais l'on peut toutefois relever çà et là des circonstances comparables à celle-ci dans le grand nombre d'histoires semblables écrites sur ce sujet.

Le docteur F. G. Lee en raconte deux autres du même genre, où l'on voit une mère mourante, ardemment désireuse de voir ses enfants, tomber dans un sommeil profond, aller leur rendre visite, et revenir là d'où elle était partie pour dire ce qu'elle avait fait. Dans l'un de ces deux cas, la mère, mourant en Égypte, apparaît à ses enfants à Torquay, et ses cinq enfants ainsi que leur bonne, peuvent la voir distinctement en plein jour (*Glimpses at the supernatural*[16], vol. II, p. 64). Dans l'autre cas, une dame Quaker, mourant à Gockermouth, est vue nettement et reconnue en plein jour par ses trois enfants, à Settle ; l'histoire se terminant à peu près identiquement à celle qui est racontée ci-dessus (*Glimpses in the Twilight*[17], p. 94). Bien que ces cas semblent être moins généralement connus que celui de Mary Goffe, leur authenticité paraît être aussi certaine, comme le montreront les témoignages obtenus par le vénérable auteur des ouvrages d'où ils sont tirés.

L'homme qui possède complètement ce quatrième type de clairvoyance dispose encore de nombreux et grands avantages, en plus de ceux dont nous avons déjà parlé. Il peut non seulement visiter sans peine et sans dépense les beaux

---

[16] *Échappées dans le surnaturel.*
[17] *Échappées dans le crépuscule.*

et célèbres pays de la terre, mais s'il se trouve être un étudiant, songez donc ce que cela représente pour lui, que d'avoir un accès à toutes les bibliothèques du monde! Quelle joie ce doit être pour l'homme de sciences de voir se dérouler devant ses yeux tant de phénomènes de la secrète chimie de la nature, ou pour le philosophe, de se voir révéler tellement mieux qu'auparavant le fonctionnement des grands mystères de la vie et de la mort! Pour lui, ceux qui ont quitté ce plan cessent d'être morts : ils vivent et font partie de son domaine, pour de longues années à venir ; pour lui, beaucoup de conceptions de la religion ne relèvent plus de la foi, mais bien du savoir. Par-dessus tout, il peut se joindre à l'armée des aides invisibles et se rendre vraiment utile dans une grande mesure. Il est hors de doute que la clairvoyance, même limitée au plan astral, est un grand bienfait pour le disciple.

Assurément, elle présente aussi ses dangers, particulièrement pour ceux qui ne sont pas exercés ; danger provenant d'entités malfaisantes de diverses espèces, qui peuvent terrifier ou faire du mal à ceux qui se laissent aller à perdre le courage de leur tenir énergiquement tête ; danger de déceptions de toutes sortes, danger de concevoir et d'interpréter mal ce qui est vu ; et surtout, danger de devenir orgueilleux en ces matières et de se croire incapable de commettre une erreur. Mais un peu de bon sens et un peu d'expérience devrait aisément suffire à préserver un homme de ces dangers-là.

5° *En voyageant dans le corps mental.* — Ce n'est là qu'une forme plus élevée et en quelque sorte, exaltée, du précédent type de clairvoyance. Le véhicule employé n'est plus le corps astral, mais le corps mental ; véhicule, par conséquent, appartenant au plan mental et possédant en soi les pouvoirs du sens merveilleux de ce plan, si transcendant dans son action et pourtant si impossible à décrire. Un homme qui fonctionne sur ce plan, laisse derrière lui son corps astral avec son corps physique, et si, pour une raison quelconque, il lui plaît de se montrer sur le plan astral, il n'envoie pas chercher son propre véhicule astral, mais par une simple action de sa volonté, en matérialise un pour son besoin momentané.

Une semblable matérialisation astrale porte quelquefois le nom de *mâyâvirûpâ*, et pour l'effectuer une première fois, on a généralement besoin de l'aide d'un Maître qualifié.

Les avantages énormes que donne la possession de cette faculté sont la capacité de pénétrer dans toute la gloire et la beauté des régions plus élevées de la félicité, et de posséder, même quand on travaille sur le plan astral, le sens mental infiniment plus compréhensif, qui procure à l'étudiant de si merveilleuses perspectives de savoir, et rend l'erreur pour ainsi dire impossible. Cette plus haute envolée, toutefois, n'est permise qu'à l'homme exercé, puisque ce n'est que par un entraînement déterminé que l'homme peut, à ce degré d'évolution, apprendre à se servir de son corps mental comme d'un véhicule.

Avant de quitter le sujet de la clairvoyance complète et volontaire, peut-être convient-il de répondre en quelques mots à une ou deux questions touchant ses limitations, que les étudiants se posent constamment. Est-il possible pour le voyant, nous demande-t-on souvent, de trouver toute personne avec qui il désire communiquer, où qu'elle soit dans le monde, et qu'elle soit vivante ou morte ?

La réponse à cette question est affirmative, conditionnellement. Oui, il est possible de trouver une personne quelconque, si l'expérimentateur peut, d'une manière ou d'une autre, se mettre en rapport avec cette personne. Il serait tout à fait superflu, de plonger vaguement dans l'espace pour trouver, sans aucune espèce d'indication, quelqu'un de totalement étranger parmi les millions d'individus qui nous entourent ; mais par contre, une indication très vague suffirait en général.

Si le clairvoyant sait quoi que ce soit de l'homme qu'il recherche, il le trouvera sans difficulté, car chaque individu possède ce que l'on peut appeler une espèce de note musicale qui lui est propre, une note qui est l'expression de sa personnalité, prise dans son ensemble, et qui est produite peut-être par une sorte de moyenne des taux de vibrations de tous ses différents véhicules sur leurs plans respectifs. Si l'opérateur sait distinguer cette note et sait la faire vibrer, elle attirera instantanément, par vibration sympathique, l'attention de l'individu, où qu'il soit, et appellera de lui une réponse immédiate.

Que l'homme soit vivant ou mort depuis peu ne changerait rien à l'affaire, et la clairvoyance de la cinquième classe pourrait le trouver immédiatement, même parmi les innombrables millions du monde céleste, quoique dans ce cas, l'homme en question n'aurait pas conscience qu'on le recherche. Il va de soi qu'un voyant dont l'état de conscience n'irait pas au delà du plan astral et qui emploierait par conséquent une des méthodes primitives de voir, serait incapable de trouver une personne qui serait sur le plan mental ; mais il lui serait au moins possible d'affirmer que l'individu recherché se trouve sur ce plan, par le seul fait que la corde pincée au niveau du plan astral resterait sans réponse.

Si la personne à découvrir n'est pas connue du chercheur, ce dernier aura besoin de connaître, en manière d'indication, quelque chose qui ait rapport à elle, une photographie de la personne en question, une lettre écrite par elle, un objet qui lui ait appartenu et qui soit imprégné de son magnétisme propre ; l'une ou l'autre de ces indications suffiraient à un voyant exercé.

Mais je répète qu'il ne faut pas en conclure que les élèves auxquels on a appris à se servir de cet art, soient à même d'ouvrir un bureau de renseignements où l'on puisse se faire mettre en communication avec les parents absents ou morts. Une communication qui serait faite d'ici à quelqu'un d'eux, pourrait lui être ou pourrait ne pas lui être transmise, selon les circonstances ; mais même si elle l'était, on pourrait ne pas obtenir de réponse, à moins que cette opération ne pût tenir de la nature d'un vrai phénomène, phénomène que l'on pourrait prouver sur le plan physique, avoir été un acte de magie.

Une autre question que l'on soulève souvent, consiste à demander si, dans le fait de la vision psychique, il y a une limitation quelconque, pour ce qui est de la distance. La réponse semblerait être qu'il ne devrait pas y avoir d'autre limite que celle des plans respectifs. Il faut se rappeler que le plan astral et le plan mental appartiennent à notre terre d'une façon aussi définie que sa propre atmosphère, quoiqu'ils s'étendent considérablement plus loin que l'air physique, même dans notre espace à trois dimensions. C'est pourquoi le passage à d'autres planètes, ou la vue détaillée d'autres planètes, ne serait possible pour aucun système de clairvoyance en rapport avec ces plans. Pour l'homme qui peut élever son état de conscience jusqu'au plan bouddhique, il est tout à fait possible et facile de passer dans tout autre globe appartenant à notre chaîne de mondes, mais cette question est en dehors du sujet que nous traitons ici.

Pourtant, on peut, par l'emploi des facultés de clairvoyance que nous avons décrites, obtenir beaucoup de renseignements sur les autres planètes. Il est possible de rendre la vision considérablement plus nette, en se tenant en dehors des troubles perpétuels de l'atmosphère terrestre et il n'est pas non plus difficile d'apprendre à acquérir une puissance extrêmement forte de grossissement ; en sorte que, même par la clairvoyance ordinaire, on peut acquérir de vastes connaissances astronomiques du plus haut intérêt. Mais en ce qui concerne cette terre et son entourage immédiat, il n'y a pour ainsi dire pas de limitation.

CHAPITRE V

CLAIRVOYANCE DANS L'ESPACE SEMI-VOLONTAIRE

Sous ce titre plutôt singulier, je groupe les cas de tous ces gens qui se mettent volontairement en état de voir quelque chose, mais qui n'ont aucune idée de ce que ce quelque chose sera, et aucune maîtrise de la vue quand les visions ont commencé à se produire : *micawbers* psychiques, qui se mettent dans un état de réceptivité et puis attendent simplement que quelque vision se présente à eux. Beaucoup de médiums à transe seraient à ranger dans cette catégorie ; ou bien ils s'hypnotisent eux-mêmes d'une façon quelconque, ou bien ils sont hypnotisés par quelque « esprit-guide » et il décrivent alors les personnes ou les scènes qui se trouvent flotter devant leur vision. Parfois cependant, lorsqu'ils sont dans cet état, ils voient ce qui se passe à une certaine distance et ils prennent alors place parmi nos « clairvoyants dans l'espace ».

Mais l'espèce la plus importante et la plus répandue de ces clairvoyants semi-volontaires est celle des diverses sortes de *crystal gazers* [18] ceux qui, comme le dit M. Andrew Lang, regardent dans une boule de cristal, une tasse, un miroir, une tache d'encre (Égypte et Inde), une goutte de sang (les Maories de la Nouvelle-Zélande), un bol d'eau (Indiens rouges), une mare (Romains et Africains), une coupe de verre remplie d'eau (comme à Fez), ou en somme fixent une surface brillante quelconque (*Dreams and ghosts* [19]), p. 57).

Deux pages plus loin, M. Lang nous donne un excellent exemple de l'espèce de vision la plus fréquemment obtenue de cette façon :

« J'avais donné une boule de verre, dit-il, à une jeune dame, Mlle Baillie, qui s'en servit presque sans succès. Elle la prêta à Mlle Leslie qui vit un grand sofa rouge carré, démodé, recouvert de mousseline, qu'elle reconnut dans la première maison de campagne où elle se rendit en visite. Le frère de Mlle Baillie, un jeune athlète, se moqua de ses expériences, emporta la boule dans la salle d'étude et revint l'air tout bouleversé. Il admit qu'il avait eu une vision, la vision de quelqu'un qu'il connaissait, sous une lampe. Il dit qu'il découvrirait au cours de la semaine s'il avait vu vrai ou faux. Ceci se passait à 5 h. 30 le samedi après-midi.

Le mardi, M. Baillie se trouvait au bal, dans une ville éloignée de chez lui

---

[18] Littéralement : regardeurs de cristal.
[19] *Rêves et fantômes.*

49

d'environ quarante milles, et il rencontra une demoiselle Preston. « Dimanche, dit-il vers 5 heures et demie, vous étiez assise sous une lampe, vêtue d'une robe que je ne vous avais jamais vu porter, et d'un corsage bleu avec de la dentelle sur les épaules ; vous versiez du thé à un monsieur habillé de serge bleue, qui me tournait le dos, en sorte que je ne vis que la pointe de sa moustache.

—Tiens ! les stores devaient être levés, dit Mlle Preston.

—J'étais à Dulby, répondit M. Baillie, et il y était positivement.

C'est là un cas tout à fait typique de vision par le cristal. Vous voyez que la scène décrite se trouve vraie dans tous ses détails ; elle est cependant sans la moindre importance et n'a aucune espèce de signification apparente pour l'un ou l'autre des deux individus en question, si ce n'est qu'elle a servi à prouver à M. Baillie qu'il y a quelque chose de vrai dans la vision par le cristal. Et fréquemment, peut-être, ces visions ont une tendance à être d'un caractère romantique, —individus vêtus d'habits étrangers, ou paysages admirables, quoique, en général, inconnus.

Eh bien, quelle est l'analyse raisonnée de ce genre de clairvoyance ? Comme je l'ai indiqué plus haut, elle appartient habituellement au type du « courant astral », et le cristal ou tout autre objet sert de foyer où se concentre la force de volonté du voyant, et de point de départ commode pour son tube astral. Il y a des gens qui peuvent, grâce à leur volonté, avoir une influence sur ce qu'ils voient ; autrement dit, ils ont le pouvoir de diriger leur télescope à leur gré ; mais la grande majorité ne peut constituer qu'un tube d'occasion et voir tout ce qui se présente à l'autre bout.

Il peut s'agir, parfois, d'un événement qui se passe relativement près du voyant, comme dans l'exemple que je viens de donner ; et parfois, au contraire, d'un paysage oriental très éloigné ; parfois encore ce pourra être une reproduction d'un fragment de cliché akâshique, et alors le tableau représentera des gens vêtus à l'antique ; ce phénomène appartient alors à notre troisième grande catégorie de la « clairvoyance dans le temps ». On dit que l'on découvre aussi dans le cristal des visions de l'avenir ; c'est là un nouveau développement dont nous aurons à parler plus loin.

J'ai vu un clairvoyant se servir, au lieu de la surface brillante usuelle, d'une surface mate noire, obtenue par une poignée de poudre de charbon de bois étendue au fond d'une soucoupe. En vérité, peu importe, semble-t-il ce dont on se sert comme foyer, si ce n'est que le cristal pur a sur les autres substances l'incontestable avantage que sa composition particulière d'essence élémentale fait qu'il stimule tout spécialement les facultés psychiques.

Il semble probable, quoi qu'il en soit, que dans les cas où l'on emploie un tout petit objet brillant comme un point lumineux, ou la goutte de sang dont se servent les Maories, il ne s'agit pas, en réalité, d'autre chose que d'un simple phénomène d'auto-hypnotisme. Chez les nations extra européennes, cette expérience est très souvent précédée ou accompagnée de cérémonies d'invocations magiques, en sorte qu'il est tout à fait probable que la vision obtenue peut parfois vraiment être celle d'une entité étrangère, et le phénomène n'être, en somme, qu'un cas de possession temporaire et pas le moins du monde un cas de clairvoyance.

CHAPITRE VI

CLAIRVOYANCE DANS L'ESPACE : INVOLONTAIRE

Sous ce titre nous pouvons grouper tous les cas où l'on a, tout à fait à l'improviste et sans avoir rien fait pour les préparer, des visions de quelque événement se passant à distance. Certaines personnes sont sujettes à des visions de ce genre, tandis que beaucoup d'autres n'en auront jamais qu'une seule au cours de leur existence. Ces visions sont de toutes espèces et de tous les degrés de perfection, et peuvent, apparemment, être produites par plusieurs causes différentes. Parfois la cause de la vision est évidente et le sujet en est de la plus grave importance ; parfois aussi on n'y peut découvrir aucune raison et les événements perçus sont de la nature la plus triviale.

Il est des cas où ces lueurs de la faculté supraphysique se manifestent quand on est éveillé et d'autres fois pendant le sommeil, sous forme de rêves vivants et souvent répétés. Dans ce dernier cas, le genre de vue employée doit généralement être de l'espèce qui constitue notre quatrième catégorie, de la clairvoyance dans l'espace, car l'homme endormi se transporte souvent par le moyen de son corps astral dans tel endroit où ses affections ou ses intérêts sont vivaces, et regarde simplement ce qui s'y passe ; dans le premier cas, par contre, il paraît probable que c'est le second type de clairvoyance — par le courant astral — qui est appelé à se manifester. Mais, dans ce cas, le courant ou tube est formé tout à fait inconsciemment et est souvent le résultat automatique d'une forte pensée ou d'une forte émotion projetée de l'un ou de l'autre bout, soit par le voyant, soit par la personne qui est vue.

La meilleure manière de traiter ce sujet sera de donner quelques exemples de diverses natures, et d'intercaler entre ces exemples les explications qui sembleront nécessaires. Dans son livre *Real ghost Stories*([20]), M. Stead a réuni un très grand nombre de cas variés récents et bien authentiques ; j'y puiserai quelques-uns de mes exemples, en les résumant parfois pour gagner de la place.

Il y a des cas où n'importe quel étudiant en théosophie voit instantanément d'une façon très nette que le phénomène exceptionnel de clairvoyance a été spécialement amené par un de ceux qui composent la troupe des « aides invisibles »

---

[20] *Histoires vraies de fantômes.*

dans le but de porter secours à quelqu'un qui en avait grandement besoin. C'est à cette classe qu'appartient, sans aucun doute, l'histoire que raconta le capitaine Yonnt, de la vallée de Napa, en Californie, au docteur Bushnell, qui la répète dans son livre *Nature and the Supernatural*[21] (p. 14).

« Environ six ou sept années auparavant, une nuit de plein hiver, il fit un rêve où il vit ce qui lui sembla être une troupe d'émigrants arrêtés par les neiges de la montagne, et qui mouraient rapidement de faim. Il nota exactement l'endroit précis où la chose se passait : il y avait là une énorme falaise perpendiculaire de roches blanches ; il vit les hommes couper ce qui lui sembla être des cimes d'arbres qui émergeaient de profondes crevasses de neige ; il distingua même les traits des personnes qui étaient là et leur aspect de détresse particulière.

« Il s'éveilla, profondément impressionné par la netteté de son rêve et par son apparence de réalité. Il se rendormit à la longue et refit exactement le même rêve. Au matin, il ne put le bannir de son esprit. Il rencontra un moment après un de ses vieux camarades de chasse, lui raconta son histoire, et ne fut que plus profondément ému encore par ce fait que le camarade en question reconnut sans hésiter le lieu de la scène. Ce camarade était venu de la Sierra par le passage de la vallée de Carson et il déclara qu'un coin de ce passage répondait exactement à la description qui lui était faite.

« Cela décida le capitaine. Il réunit aussitôt un groupe d'individus, avec des mules, des couvertures de laine et toutes les provisions nécessaires. Cependant, les voisins se moquaient de sa crédulité. « Peu importe, dit-il ; je puis faire cela et je le ferai, car je crois en vérité que la réalité est conforme à mon rêve. » Il envoya les hommes dans la montagne à cent cinquante milles de distance, droit au passage de la vallée de Carson. Et là ils trouvèrent la bande d'émigrants tout à fait comme l'avait montrée le rêve, et ils ramenèrent les survivants. »

Puisque l'on ne dit pas que le capitaine Yonnt avait habituellement des visions, il apparaît clairement que quelque aide, remarquant l'état de détresse des émigrants, conduisit la première personne venue, qui fût impressionnable et en mesure de faire ce qu'il y avait à faire (cette personne se trouva être le capitaine), la conduisit, dis-je, dans son corps astral, à l'endroit voulu, et la frappa suffisamment pour fixer nettement ce spectacle dans sa mémoire. Il est possible qu'au lieu de faire cela, l'aide ait établi un courant astral à l'usage du capitaine, mais la première hypothèse est plus vraisemblable. Quoi qu'il en soit, dans ce cas-ci, la cause et la méthode générale de cette clairvoyance sont suffisamment apparentes.

---

[21] *La Nature et le Surnaturel.*

Parfois le « courant astral » peut être amené à fonctionner par suite d'une pensée très émouvante, s'exprimant à l'autre extrémité de la ligne, et ceci peut même se produire sans que celui qui pense ait aucune intention de cette nature. Dans l'histoire assez frappante que je vais raconter il est évident que le lien fut formé par le fait que la pensée du docteur allait fréquemment vers Mme Broughton, et pourtant, il est bien certain qu'il n'avait aucun désir spécial qu'elle vît ce qu'il faisait à ce moment-là. Que la clairvoyance ait bien été de cette nature, voilà qui est démontré par la fixité de son point de vue, lequel n'est pas, observez-le, le point de vue du docteur transmis sympathiquement (comme cela aurait pu se produire), attendu qu'elle voit son dos sans le reconnaître. Cette histoire se trouve racontée dans les *Proceedings of the Psychical Research Society* [22] (vol. I, p. 160).

« Mme Broughton s'éveilla une nuit, en 1844, et réveilla son mari, lui disant que quelque chose d'épouvantable s'était passé en France. Celui-ci la pria de se rendormir et de ne pas le déranger. Elle lui affirma qu'elle ne dormait pas lorsqu'elle avait vu ce qu'elle s'entêtait à lui raconter, ce qu'elle avait vu en réalité.

« D'abord, un accident de voiture, dont elle n'avait pas été témoin, mais dont elle vit les conséquences : une voiture brisée, un rassemblement, un corps doucement soulevé et transporté dans la maison la plus proche ; puis une personne étendue dans un lit, personne qu'elle reconnut être le duc d'Orléans. Petit à petit, les amis se groupaient autour du lit ; il y avait parmi eux plusieurs membres de la famille royale de France, la reine, et puis le roi, tous silencieux, en larmes, veillant le duc évidemment mourant. Il y avait là un homme qui était le médecin. (Elle voyait son dos, mais ne savait pas qui il était.) Il se tenait penché sur le duc, d'une main tâtant son pouls, sa montre dans l'autre main. Après, la vision s'évanouit et elle ne vit plus rien.

« Dès qu'il fit jour, elle écrivit dans son journal tout ce qu'elle avait vu. Ceci se passait avant l'invention du télégraphe et deux jours ou plus s'écoulèrent avant que le *Times* annonçât la mort du duc d'Orléans. Se trouvant à Paris peu de temps après, cette dame vit et reconnut le lieu de l'accident et elle eut l'explication de l'impression qu'elle avait ressentie. Le médecin qui assistait le duc mourant était un de ses vieux amis et pendant qu'il veillait auprès du lit, sa pensée avait été constamment occupée d'elle et de sa famille. »

Un cas plus fréquent est celui où une affection solide fait naître le courant nécessaire ; il est alors probable qu'un courant assez continu de pensée mutuelle coule constamment entre les deux personnes en question, et qu'un impérieux

---

[22] *Comptes rendus de la Société de Recherches Psychiques.*

besoin de secours ou qu'une cruelle extrémité chez l'une d'elles, donne momen-tanément à ce courant la force polarisatrice nécessaire à la création du télescope astral. Un exemple explicatif nous est fourni dans ces mêmes *Proceedings* (vol. I, p. 3o).

«Le 9 septembre 1848, au siège de Mooltan, le major général R. C. B., alors colonel de son régiment, fut très gravement et dangereusement blessé, et se croyant sur le point de mourir, demanda à un de ses officiers de prendre l'anneau qui était à son doigt et de l'envoyer à sa femme, qui se trouvait alors à plus de cent cinquante milles de là, à Ferozepore.

«Pendant la nuit du 9 septembre 1848, écrit sa femme, j'étais couchée sur mon lit, endormie à moitié, lorsque je vis nettement que l'on emportait du champ de bataille mon mari, gravement blessé, et j'entendis sa voix dire: «Otez cet anneau de mon doigt et faites-le parvenir à ma femme.» Le jour qui suivit, je ne pus débarrasser mes yeux de cette vision, ni mes oreilles de cette voix.

«En temps voulu, je sus que le général R... avait été sérieusement blessé à l'assaut de Mooltan. Il survécut pourtant, et il vit encore. Ce ne fut que quelque temps après le siège que j'appris par le général L..., l'officier qui aida à trans-porter mon mari hors du champ de bataille, que sa prière au sujet de l'anneau avait vraiment été faite, exactement comme je l'entendis à Ferozepore à ce même moment.»

Il y a encore une catégorie importante de visions clairvoyantes occasionnelles, qui n'ont pas de cause visible, qui sont, en apparence, tout à fait sans significa-tion et n'ont aucun rapport apparent avec quelque événement que ce soit connu du voyant. Les visions de paysages qu'ont certaines personnes, juste avant de s'endormir, entrent dans cette catégorie. Je cite un cas remarquable et très réaliste de ce genre, que je trouve dans *Real ghost stories* (p. 65) de M. W. Stead.

«Je me mis au lit, mais ne pus m'endormir. Je fermai les yeux et attendis que le sommeil voulût bien venir; mais au lieu de sommeil, il me vint une série de tableaux clairvoyants, étrangement vivants. Il n'y avait pas de lumière dans la pièce, et il y faisait même parfaitement noir; de plus, mes yeux étaient fermés. Mais en dépit de l'obscurité, j'eus soudain conscience que je voyais une scène d'une singulière beauté. C'était comme si j'avais vu une miniature vivante à peu près de la dimension d'un verre de lanterne magique. Je me rappelle en cet instant la scène, tout comme si je la revoyais. C'était un paysage marin. La lune brillait dans l'eau, qui se brisait doucement sur la grève. Juste en face de moi une longue jetée avançait dans la mer.

«De chaque côté de cette jetée, des rochers tourmentés émergeaient de l'eau. Il y avait sur la côte plusieurs maisons carrées et d'apparence grossière, qui ne ressemblaient à rien de ce que j'avais vu en fait d'architecture de maisons. Rien ne bougeait, mais je voyais la lune et la mer et l'éclat de la lune sur les eaux qui se brisaient doucement, tout à fait comme si j'avais regardé véritablement ce spectacle.

«Il était tellement beau que je me souviens avoir pensé que, la vision continuerait-elle, je serais si occupé à la regarder que je ne m'endormirais jamais. J'étais parfaitement éveillé et tandis que je contemplais ce spectacle, j'entendis distinctement la pluie tomber au dehors. Alors brusquement, sans aucun motif apparent, la vision changea.

«La mer éclairée par la lune s'évanouit, et je me trouvai regarder, non plus elle, mais l'intérieur d'une salle de lecture. Il semblait qu'on se fût servi de cette pièce comme de salle de classe dans la journée et qu'on la transformât le soir en salle de lecture. Je me souviens avoir vu un lecteur qui ressemblait d'une façon curieuse à Time Harrington, bien que ce ne fût pas lui, prendre dans sa main une revue ou un livre et rire. Ce n'était pas un tableau ; cela existait en vérité.

«On eût dit qu'on observait la scène avec une lorgnette de théâtre ; on voyait le jeu des muscles, l'éclat des yeux, et chaque mouvement des gens inconnus qui occupaient la pièce inconnue où l'on regardait. Je vis tout cela sans ouvrir les yeux, et mes yeux étaient tout à fait étrangers à ma vision. C'est avec un autre sens, dont le siège est plutôt dans la tête que dans les yeux, que l'on voit des scènes de ce genre.

«Ce ne fut là qu'un incident sans grande valeur et sans beaucoup d'intérêt, mais cela me permit, plus que toutes les explications du monde, de comprendre mieux comment voient les clairvoyants.

«Cette vision qui se présentait à moi, m'était apparue à propos de rien ; elle n'avait été suggérée par rien que j'eusse lu ou dont j'eusse parlé ; elle me vint comme si j'avais regardé avec une lorgnette ce qui se passait ailleurs dans le monde. Je l'entrevis de nouveau et puis elle disparut et depuis il ne m'est pas de nouveau arrivé semblable aventure.»

M. Stead considère que c'est là «une histoire de peu d'intérêt et de peu d'importance,» et il est peut-être permis de la juger telle si on la compare aux possibilités de visions plus curieuses ; et pourtant, je connais beaucoup d'étudiants qui seraient enchantés de pouvoir raconter qu'une telle expérience leur soit personnellement et directement arrivée.

Bien que de peu d'importance en soi, une aventure de cette espèce donne au voyant la clé du phénomène tout entier, et la clairvoyance serait pour quiconque en aurait seulement vu autant, une actualité vivante, ce qu'elle n'aurait jamais pu être sans ce bref contact avec le monde inconnu.

Les scènes dont il s'agit étaient beaucoup trop nettes pour avoir été de simples réflexions de la pensée d'autrui, et d'ailleurs le récit montre à ne pas s'y tromper, que des visions ont été vues par le moyen du télescope astral ; ce qui fait que M. Stead aura, à son insu, mis lui-même un courant en activité, ou bien (et cela est beaucoup plus probable) quelque bienveillante entité astrale aura mis pour lui ce courant en action, et lui aura offert, pour lui éviter toute attente ennuyeuse, la vision de toutes les scènes qui se seront trouvées à portée de l'extrémité du tube.

La clairvoyance dans le temps, —autrement dit, le pouvoir de lire le passé et l'avenir,— est, comme toutes les autres variétés de clairvoyance, possédée par divers individus à des degrés très variables, depuis l'homme qui a la parfaite maîtrise de ces deux facultés, jusqu'à celui qui ne perçoit que rarement et involontairement des lueurs imparfaites ou des réflexions de ces scènes d'un autre temps. Une personne de ce dernier type pourrait avoir, par exemple, une vision de quelque événement passé ; mais cette vision serait sujette aux plus graves déformations et même, si elle venait à être assez exacte, elle ne serait presque certainement qu'un tableau isolé ; le voyant serait sans doute tout à fait incapable de le relier à ce qui se serait passé avant ou après, ou bien d'expliquer quoi que ce soit d'étrange que sa vision aurait pu lui révéler. L'homme exercé, par contre, pourrait suivre la trace —soit avant, soit après, et jusqu'à telle limite qui lui paraîtrait désirable,— de l'événement se rattachant à la scène qu'il aurait vue ; il pourrait avec une égale facilité reconnaître les causes qui auraient amené cette vision ou les résultats qu'elle serait susceptible de produire.

Il nous sera sans doute plus aisé de comprendre cette partie un peu difficile de notre sujet, si nous l'examinons dans les subdivisions qui s'imposent d'elles-mêmes et si nous nous occupons, d'abord de la vision dans le passé, réservant pour plus tard celle qui perce le voile de l'avenir. Dans l'un et l'autre cas nous ferons bien de chercher à comprendre ce que nous pourrons du *modus operandi*, quoique notre succès dans cette entreprise ne puisse guère être que partiel, d'abord à cause des renseignements imparfaits sur certaines parties de cette question que possèdent actuellement ceux qui l'étudient, et ensuite à cause de l'impuissance toujours renouvelée des mots physiques à exprimer, fût-ce seulement la centième partie du peu que nous sachions vraiment des plans et des facultés supérieures.

Comment donc une vision détaillée d'un passé lointain est-elle obtenue, et à quel plan de la nature appartient-elle réellement ? La réponse à ces deux questions est la suivante : cette vision est lue dans les souvenirs akâshiques [23], mais cette affirmation nécessite un certain nombre d'explications pour beaucoup de

---

[23] Les mots souvenirs, archives ou clichés akâshiques sont synonymes et employés indifféremment par nous au cours de cet ouvrage, pour traduire le terme anglais *akasic records*.

lecteurs. Ce mot de souvenir est, en vérité, donné quelque peu à tort, car bien que ces souvenirs soient sans nul doute lus dans l'Akâsha, où matière du plan mental, ce n'est cependant pas à cet akâsha que ces souvenirs appartiennent. L'autre appellation, « souvenirs de la lumière astrale », que l'on a parfois donnée à cette vision, est pire encore, car ces souvenirs siègent très au delà du plan astral et tout ce que l'on peut obtenir sur ce plan n'est que lueurs momentanées et partielles d'une espèce de double réflexion de ces souvenirs, ainsi que je vais l'expliquer.

Comme tant d'autres de nos termes théosophiques, le mot akâsha a été très librement employé. Dans certains de nos livres plus anciens, on le considérait comme synonyme de lumière astrale, et dans d'autres, on s'en servait pour désigner toute espèce de matière invisible, depuis le mulaprakritti, jusqu'à l'éther physique. Dans des livres plus récents, son emploi a été limité à la matière du plan mental et c'est dans ce sens que l'on peut parler des souvenirs akâshiques; car, bien qu'ils n'aient pas davantage leur origine dans ce plan que dans le plan astral, c'est cependant là que nous les rencontrons pour la première fois d'une façon déterminée et qu'il nous est possible de faire de la bonne besogne grâce à eux.

Cette question des souvenirs n'est assurément pas facile à traiter, car elle fait partie d'une de ces nombreuses catégories de sujets qui demandent, pour être parfaitement saisis, des facultés de compréhension d'un ordre beaucoup plus élevé qu'aucune de celles qui ont été développées jusqu'à présent dans l'humanité. La vraie solution de ces problèmes se trouve sur des plans bien supérieurs à ceux qu'il nous est possible de connaître à l'heure actuelle; et, quelle que soit celle que nous puissions envisager, elle doit nécessairement être du caractère le plus imparfait, puisque nous ne pouvons examiner le problème que d'en bas, et non d'en haut. L'idée que nous nous en faisons ne peut donc être que partielle; cependant, elle ne nous trompe pas forcément, à moins que nous ne nous permettions de considérer cette petite parcelle — qui est tout ce que nous pouvons voir, — comme le tout parfait. Si nous nous appliquons à ce que de telles conceptions soient exactes, nous n'aurons rien à désapprendre, mais beaucoup à ajouter à nos connaissances, quand, au cours de nos progrès futurs, nous acquerrons petit à petit la sagesse la plus haute. Comprenons donc, dès le début, que nous pénétrer d'une façon parfaite du sujet que nous traitons est, au degré actuel de notre évolution, une impossibilité, et que beaucoup de questions seront soulevées auxquelles nous ne pourrons encore fournir aucune explication précise, bien qu'il nous soit souvent possible de suggérer des analogies et d'en indiquer le sens.

Essayons donc de reporter nos pensées à l'origine de ce système solaire auquel nous appartenons. Nous connaissons bien tous la théorie astronomique courante de cette origine, théorie dénommée habituellement « de l'hypothèse des nébuleuses » et suivant laquelle le soleil apparut d'abord sous la forme d'une gigantesque nébuleuse embrasée, d'un diamètre de beaucoup supérieur à celui de l'orbite ou même des limites les plus extrêmes des planètes ; après quoi, au cours innombrable des temps, cette sphère énorme se refroidit petit à petit et se contracta, formant ainsi le système solaire.

La science occulte accepte cette théorie dans ses grandes lignes, comme représentant fidèlement le côté purement physique de l'évolution de notre système ; mais elle ajoute que si nous bornons notre attention à ce seul aspect physique de la question, nous n'aurons qu'une idée très incomplète et incohérente de ce qui se passa réellement. Cette science occulte prétend, pour commencer, que l'Être élevé qui entreprend la formation d'un système (être que nous appelons parfois le Logos du système) forme tout d'abord dans Son esprit une conception complète de l'ensemble de ce système, avec ses enchaînements successifs de mondes. Par l'action même qui consiste à former cette conception, il fait naître simultanément et objectivement l'ensemble sur le plan de Sa pensée, plan naturellement très supérieur à tous ceux dont nous savons quelque chose et d'où descendent, quand il convient, les divers globes, dans un état d'objectivité respectivement destiné à chacun d'eux. A moins que nous ne nous rappelions constamment ce fait de l'existence réelle, dès l'origine, du système tout entier sur un plan supérieur, nous nous méprendrons perpétuellement sur le sens de l'évolution physique que nous voyons se produire sur terre.

Mais ce n'est pas là tout ce que l'occultisme a à nous apprendre à ce sujet. Il ne nous dit pas seulement que tout ce merveilleux système auquel nous appartenons est créé par le Logos, à la fois sur des plans inférieurs et supérieurs, mais que ses rapports avec lui sont plus proches encore, car le système en question est absolument partie de Lui-même, une expression partielle de Lui, sur le plan physique ; que le mouvement et l'énergie du système entier sont Son énergie propre et que tout le phénomène se passe dans les limites de Son aura. Aussi surprenante que soit cette conception, elle ne sera pas tout à fait incompréhensible pour ceux d'entre nous qui ont quelque peu étudié la question de l'aura.

Nous sommes familiers avec ce principe qu'à mesure qu'une personne progresse sur le Sentier, son corps causal, qui est la limite déterminante de l'aura, augmente nettement de volume aussi bien que d'éclat et de pureté de couleur. Beaucoup d'entre nous savent par expérience que l'aura d'un élève qui a déjà beaucoup avancé sur le Sentier est beaucoup plus grande que celle de celui qui n'y a fait que ses premiers pas, tandis que chez un Adepte, l'accroissement proportionnel est encore bien plus considérable. Les écritures orientales tout à fait exotériques parlent de l'immense extension de l'aura du Bouddha ; je crois me rappeler que la limite mentionnée en une circonstance est de trois milles, mais, quelle que puisse être sa dimension exacte, il est clair que nous trouvons là un autre exemple de cet accroissement extrêmement rapide du corps causal, à mesure que l'homme avance sur le Sentier. Il est peu douteux que le taux de cet accroissement augmenterait lui-même selon une progression géométrique, de sorte que nous pouvons entendre parler sans étonnement d'un Adepte qui se trouve sur un niveau encore supérieur et dont l'aura est capable de comprendre le monde entier à la fois ; et de là nous pouvons graduellement amener nos esprits à la conception qu'il existe un Être Supérieur au point de comprendre en lui-même l'ensemble de notre système solaire. Et nous devons nous rappeler que, aussi énorme qu'il nous paraisse, il est comme la plus petite des gouttes dans le vaste océan de l'espace.

De même, il est vrai à la lettre de dire du Logos (qui possède en Lui toutes les capacités et toutes les qualités qu'il nous soit possible de prêter au Dieu le plus grand imaginable) de dire, comme on le disait autrefois, que toutes choses viennent de Lui, par Lui, et vont à Lui et que nous vivons, nous remuons et nous avons notre existence en Lui.

Donc, s'il en est ainsi, il est clair que le Logos de notre système solaire a conscience de tout ce qui s'y passe, et nous voyons aussitôt que le vrai souvenir, c'est sa mémoire ; de plus, il saute aux yeux que sur quelque plan qu'existe cette étonnante mémoire, ce ne peut être que très au-dessus de ce que nous savons, et par conséquent, quels que soient les souvenirs que nous nous trouvions capables de lire, ceux-ci ne peuvent être qu'une réflexion de ce grand fait dominant, réfléchi dans les milieux plus denses des plans inférieurs.

Sur le plan astral, il est tout de suite évident qu'il en est ainsi, que ce que nous constatons n'est qu'une réflexion d'une réflexion, réflexion extrêmement imparfaite, puisque les souvenirs que l'on peut y trouver sont partiels à l'excès et sont souvent gravement déformés ! Nous connaissons l'emploi universel de l'eau comme symbole de la lumière astrale et, dans ce cas particulier, c'est là un symbole qui convient remarquablement. La surface d'une eau tranquille réfléchit nettement les choses, comme le ferait un miroir ; mais, à tout prendre, ce n'est qu'une réflexion, une représentation en deux dimensions d'objets qui en ont trois, et qui diffère par conséquent de l'original dans toutes ses qualités, à l'exception de la couleur ; de plus, c'est toujours renversée que nous la voyons.

Mais que le vent ride la surface de l'eau, que trouverez-vous alors ? Une réflexion encore, assurément, mais si brisée et déformée qu'elle ne répond plus à rien et ne peut que tromper sur la forme et la véritable apparence des objets ainsi réfléchis. De-ci, de-là, pendant un instant parviendrions-nous peut-être à voir une réflexion nette d'une petite partie de la scène reflétée, d'une seule feuille d'arbre, par exemple ; mais il faudrait se donner beaucoup de peine et posséder une grande connaissance des lois naturelles, pour construire quoi que ce fût qui ressemblât à la conception véritable de l'objet reflété, en, juxtaposant même un grand nombre de pareils fragments isolés de son image.

Dans le plan astral, nous ne pouvons rien trouver qui se rapproche d'une surface tranquille, mais nous avons toujours affaire, au contraire, à une surface qui est en mouvement rapide et désordonné ; jugez, par conséquent, combien peu nous pouvons espérer avoir une image claire et précise ! C'est ainsi qu'un clairvoyant qui ne possède que la faculté de la vision astrale, ne peut jamais considérer comme exacte et parfaite aucune image du passé qui se présente à lui ; çà et là, telle partie de cette image peut avoir ces qualités d'exactitude ; mais il n'a pas les moyens de savoir quelle est cette partie. S'il est entre les mains d'un maître compétent, il pourra apprendre, par un long et soigneux enseignement, à distinguer les impressions sur lesquelles on peut compter, de celles sur lesquelles on ne peut pas compter, et à construire avec ces reflets brisés, une espèce d'image de l'objet réfléchi ; mais en général, bien avant qu'il ait vaincu ces difficultés, il aura développé sa vision mentale, ce qui rend ce travail inutile.

Sur le plan suivant, que nous appelons mental, les conditions sont très différentes. Les souvenirs akâshiques y sont complets et précis et il serait impossible de faire la moindre erreur en les lisant. Si par exemple trois clairvoyants, possédant les pouvoirs du plan mental, s'entendaient pour observer un même souvenir déterminé, ce serait, dans chaque cas, absolument la même réflexion qui serait présentée à leur vision, et chacun de ces trois individus éprouverait, en la lisant, une impression exacte. Il ne s'ensuit pas, toutefois, que, s'ils venaient plus tard à comparer sur le plan physique les impressions qu'ils auraient reçues, celles-ci seraient exactement d'accord. Il est bien connu que, si trois personnes assistent à un événement ici-bas dans le monde physique, et en font ensuite le récit, leurs versions différeront considérablement, car chacune d'entre elles aura particulièrement remarqué tels détails qui l'intéressent davantage, et en aura insensiblement fait le trait principal de l'événement, tandis qu'il négligera parfois d'autres circonstances beaucoup plus importantes en réalité. Dans le cas d'une observation faite sur le plan mental, ce facteur, personnel aux témoins, n'affecterait pas d'une manière appréciable l'impression reçue, car puisque chacun d'eux percevrait parfaitement le sujet tout entier, il lui serait impossible d'en voir certaines parties autrement que dans leur proportion véritable ; mais, excepté dans le cas où il s'agit de personnes bien instruites et exercées, ce facteur entre vraiment en jeu et transmet les impressions aux plans inférieurs. Il est impossible dans la nature des choses, que tout récit fait ici-bas d'une vision ou d'un phénomène qui s'est produit sur le plan mental, puisse être complet, puisqu'on ne peut absolument pas exprimer par des mots physiques les neuf dixièmes de ce qu'on voit et de ce qu'on sent dans ce plan ; et, puisque toute expression doit, en conséquence, être partielle, il est nettement possible de faire un choix sur la partie qui sera exprimée. C'est pour cette raison que, dans toutes nos recherches théosophiques des dernières années, nous nous sommes tant efforcés de contrôler et de vérifier constamment les témoignages des clairvoyants, ne laissant paraître dans nos livres plus récents, rien qui fût basé sur la vision d'un individu seulement.

Mais, même alors que la possibilité d'une erreur provenant de ce facteur du jugement personnel a été réduite au minimum grâce à un procédé de rigoureux contrôle, il reste encore la très sérieuse difficulté inhérente à l'opération qui consiste à amener des impressions d'un plan supérieur à un plan inférieur. C'est là quelque chose d'analogue à la difficulté que rencontre un peintre quand il cherche à reproduire sur une surface plane un paysage à trois dimensions, — à le reproduire en deux dimensions, par conséquent. De même que l'artiste a besoin de longtemps et soigneusement éduquer son œil et sa main avant de pouvoir donner une représentation satisfaisante de la nature, de même le clairvoyant ne peut se passer d'une éducation longue et minutieuse avant qu'il puisse décrire exactement, sur un plan inférieur, ce qu'il voit sur un plan plus élevé ; et les chances que l'on a d'obtenir d'une personne inexercée une description précise sont à peu près égales à celles que l'on a de voir exécuter un paysage d'un fini parfait par quelqu'un qui n'aurait pas appris à dessiner.

On doit se rappeler, en outre, que le tableau le meilleur est, en réalité, extrêmement loin d'être une reproduction de la scène qu'il représente, car il n'est guère un seul trait ou un seul angle qui puisse être semblable à ceux de l'objet copié. Ce n'est là simplement qu'une tentative très ingénieuse de produire, en n'utilisant qu'un seul de nos cinq sens, et par le moyen de lignes et de couleurs sur une surface plane, une impression semblable à celle que nous aurions éprouvée si nous avions vraiment eu devant nous la scène représentée. Celle-ci ne peut, en effet, rien reproduire des grondements de la mer, du parfum des fleurs, du goût des fruits, de la douceur ou de la rudesse d'une surface dessinée, si ce n'est par une suggestion qui dépend entièrement de nos connaissances antérieures.

Exactement de même nature, quoiqu'infiniment plus grandes, sont les difficultés qu'éprouve un clairvoyant quand il essaie de décrire sur le plan physique ce qu'il a vu sur le plan astral; et ces difficultés sont, en outre, grandement accrues par ce fait, qu'au lieu d'avoir simplement à rappeler à l'esprit de ses auditeurs des conceptions avec lesquelles ceux-ci sont familiers, — comme le fait l'artiste lorsqu'il peint des hommes ou des animaux, des prés ou des arbres, — il lui faut chercher, par les moyens très imparfaits dont il dispose, à suggérer des conceptions qui, dans la plupart des cas, sont absolument nouvelles.

Il n'est donc guère surprenant que, quelque vivantes et frappantes que ces descriptions puissent paraître à ceux qui l'écoutent, le clairvoyant soit lui-même constamment impressionné par leur totale insuffisance, et qu'il sente que ses efforts ne sont pas parvenus à donner la moindre idée de ce qu'il voit véritablement. Nous devons nous rappeler aussi que dans le cas d'un récit fait ici-bas d'un cliché lu sur le plan mental, cette difficile opération de transmission du plan plus élevé à celui qui l'est moins, n'a pas eu lieu qu'une seule fois, mais bien deux, puisque la mémoire a été transmise par le plan astral intermédiaire. Et même dans le cas où le clairvoyant a l'avantage d'avoir développé ses facultés mentales de manière à s'en pouvoir servir alors qu'il est éveillé dans son corps physique, il est encore entravé par l'incapacité absolue du langage physique à exprimer ce qu'il voit.

Essayez un moment de concevoir pleinement ce que l'on appelle la quatrième dimension, dont nous avons dit quelques mots dans un précédent chapitre. Il est assez facile de penser à nos trois dimensions, d'imaginer dans notre esprit, la longueur, la largeur et la hauteur d'un objet quelconque; et nous voyons que chacune de ces trois dimensions est exprimée par une ligne qui forme un angle droit avec les deux autres. L'idée d'une quatrième dimension est qu'il pourrait être possible de tracer une quatrième ligne qui formerait un angle droit avec les trois autres existant déjà.

Or l'esprit ordinaire ne peut pas le moins du monde concevoir cette idée-là, bien que quelques rares personnes qui se sont particulièrement adonnées à l'étude de cette question soient petit à petit devenues capables d'imaginer une ou deux figures fort simples de quatre dimensions.

Pourtant, il n'est pas de mots dont elles puissent se servir sur ce plan-ci qui soient capables de présenter à l'esprit des autres une image de ces figures, et si quelque lecteur, qui ne s'est pas spécialement entraîné à cet exercice, veut tenter de rendre visible une forme semblable, il trouvera la chose tout à fait impossible. Exprimer nettement une figure pareille en employant des mots physiques, serait, en réalité, décrire exactement un seul objet sur le plan astral; mais en examinant les archives akâshiques sur le plan mental, nous aurions à faire face aux difficultés nouvelles d'une cinquième dimension! Ce qui fait que l'impossibilité où l'on se trouve d'expliquer complètement ces souvenirs sautera aux yeux de l'observateur même le plus superficiel.

Nous avons dit des clichés akâshiques qu'ils étaient la mémoire du Logos ; ils sont pourtant bien davantage qu'une mémoire au sens ordinaire du mot. Aussi vain qu'il soit d'imaginer comment ces images apparaissent à son point de vue, nous savons cependant qu'à mesure que nous nous élevons de plus en plus haut, nous nous rapprochons de la mémoire véritable, et que nous voyons d'une manière qui se rapproche davantage de Sa manière de voir ; ce qui fait qu'un grand intérêt s'attache aux expériences du clairvoyant en ce qui touche à ces clichés, lorsque ce dernier se trouve sur le plan bouddhique, le plus élevé dont il puisse avoir conscience, même quand il est absent du corps physique, avant qu'il n'atteigne le niveau des Arhats.

A ce point-là, le temps et l'espace ne le limitent plus ; il n'a plus besoin, comme sur le plan mental, de passer en revue une série d'événements, car le passé, le présent et l'avenir lui sont également et simultanément connus, quelque vide de sens que cette proposition puisse sembler être ici-bas. Oui, aussi infiniment au-dessous de l'état de conscience du Logos que soit même ce plan élevé, il apparaît en toute clarté, d'après ce que nous voyons là, que le souvenir doit Lui être bien davantage que ce que nous appelons une mémoire, car tout ce qui est arrive dans le passé et tout ce qui arrivera dans l'avenir se passe actuellement devant Ses yeux, comme les événements de ce que nous appelons le temps présent. Cela est, bien entendu, totalement incroyable, terriblement incompréhensible pour notre entendement limité : ça n'en est pas moins rigoureusement vrai.

Nous ne pourrions naturellement pas espérer comprendre, à notre degré actuel de savoir, comment est produit un aussi merveilleux résultat, et tenter d'en donner une explication ne serait que nous perdre dans un brouillard de mots qui ne nous vaudrait aucune indication réelle. Pourtant il me vient à l'esprit un ordre de pensée qui suggère peut-être la direction dans laquelle il se pourrait que l'on rencontrât cette explication : et tout ce qui nous aidera à croire que des déclarations aussi surprenantes que celles-ci puissent après tout, ne pas être tout à fait impossibles, nous sera utile en élargissant nos esprits.

Je me souviens avoir lu, voici quelque trente ans, un très curieux petit livre appelé, je crois, *The Stars and the Earth* [24], et qui cherchait à démontrer comment il était scientifiquement possible que le passé et le présent fussent absolument simultanés dans l'esprit de Dieu. Les arguments fournis en faveur de cette thèse me frappèrent à cette époque comme particulièrement ingénieux ; et je vais es-

---

[24] *Les étoiles et la Terre.*

sayer de les résumer, car je pense qu'on les trouvera quelque peu suggestifs, en rapport avec le sujet que nous venons d'étudier.

Lorsque nous voyons quelque chose, que ce soit le livre que nous tenons dans nos mains ou que ce soit une étoile dont des millions de milles nous séparent, notre perception s'exerce par le moyen d'une vibration dans l'éther (que l'on a coutume d'appeler un rayon de lumière), vibration qui passe de l'objet vu à nos yeux. Or, la rapidité avec laquelle cette vibration se transmet est si grande —environ 186.000 milles à la seconde— que lorsque nous regardons un objet quelconque dans notre monde, nous pouvons considérer notre perception comme pour ainsi dire instantanée. Mais quand nous avons affaire aux distances interplanétaires, nous devons tenir compte de la rapidité de la transmission de la lumière, car le temps qu'elle met à traverser ces vastes espaces est appréciable. C'est ainsi que la lumière met huit minutes et quart pour se transmettre du soleil à nous, de sorte que lorsque nous regardons le disque solaire nous le voyons par le rayon de lumière qui l'a quitté depuis plus de huit minutes.

De ce fait découle un résultat très curieux. Il est clair que le rayon de lumière, grâce auquel nous voyons le soleil, ne peut nous communiquer que l'état de choses qui existait dans cet astre au moment où il le quitta, et qu'il ne pourrait être affecté le moins du monde par quoi que ce soit qui se fût passé dans le soleil après son départ ; de sorte que, à vrai dire, nous ne voyons pas le soleil tel qu'il est, mais tel qu'il était huit minutes auparavant. Autrement dit, si quelque événement important venait à se produire dans le soleil, comme, par exemple, la formation d'une nouvelle tache solaire, l'astronome qui, au même instant, examinerait cet astre au télescope, ignorerait totalement cet événement au moment précis où il se produirait, puisque le rayon de lumière qui le porterait à sa connaissance, ne lui parviendrait que plus de huit minutes après.

Cet écart est plus frappant encore lorsque nous considérons les étoiles fixes, parce que, dans leur cas, les distances qui nous en séparent sont colossalement plus grandes. L'étoile polaire, par exemple, est si éloignée que la lumière, voyageant avec la rapidité inconcevable dont nous avons parlé plus haut, met plus de cinquante ans à nous atteindre ; d'où la conclusion étrange, mais inéluctable, que nous voyons l'étoile polaire non pas comme elle est et là où elle se trouve au moment où nous la regardons, mais comme et où elle était il y a cinquante ans. Bien plus, si demain quelque catastrophe cosmique venait à la faire voler en éclats, nous continuerions à la voir paisiblement briller dans le ciel pendant toute notre vie ; nos fils atteindraient l'âge adulte et verraient à leur tour leurs propres enfants grandir autour d'eux avant que la nouvelle de ce formidable cataclysme ne fût connue d'aucun œil terrestre. De même, il y a d'autres étoiles si lointaines que leur lumière met des milliers d'années pour voyager d'elles jusqu'à nous, de sorte que ce que nous savons de leur état est déjà vieux de plusieurs milliers d'années.

Poussons ce raisonnement encore un peu plus loin. Supposez que nous puissions placer un homme à une distance de 186.000 milles de la terre, et le doter en même temps de la merveilleuse faculté de voir de là-bas ce qui se passe ici, aussi distinctement que s'il était encore auprès de nous. Il est évident qu'un homme dans cette situation verrait toutes choses une seconde après qu'elles auraient réellement eu lieu, en sorte qu'en cet instant précis il verrait ce qui s'est passé il y a une seconde. Doublez la distance ; il serait en retard de deux secondes, et ainsi de suite ; éloignez-le d'une distance égale à celle qui nous sépare du soleil (tout en lui conservant ce même mystérieux pouvoir de la vue) et il vous regarderait faire non pas ce que vous faites, mais ce que vous faisiez il y a huit minutes un quart ; transportez ce même individu jusqu'à l'étoile polaire, et il verrait se dérouler à ses yeux des événements vieux de cinquante ans ; il assisterait aux gambades enfantines de gens qui, à ce moment-là, seraient d'un certain âge. Aussi surprenant que ce fait puisse paraître, il n'en est pas moins, littéralement et scientifiquement, vrai et ne peut être contesté.

Le petit livre en question poursuivait son raisonnement d'une manière assez logique, disant que Dieu étant tout-puissant, devait posséder cette extraordinaire puissance de vision que nous venons de prêter à notre observateur ; et, de plus, qu'étant omniprésent, il devait se trouver à la fois en chacun des points extrêmes dont nous venons de parler, ainsi qu'en chacun des points intermédiaires, et cela, non pas successivement, mais simultanément. Ceci étant admis, il s'ensuit inévitablement que tout ce qui s'est produit depuis le commencement du monde, doit, en cet instant précis, prendre place sous les yeux du Seigneur, et ce qu'il observe ainsi n'est pas une simple mémoire des événements passés, mais bien ces événements eux-mêmes.

Tout cela est suffisamment matérialiste et se trouve sur le plan de la science purement physique : nous pouvons donc être assurés que ce n'est pas ainsi que s'exerce la mémoire du Logos ; pourtant, son action est bien déterminée et tout à fait incontestable, et, ainsi que je l'ai dit déjà, cela n'est pas inutile puisque cela nous permet d'entrevoir des possibilités qui, autrement, ne s'offriraient pas à nous.

Mais, peut-on demander, comment est-il possible, parmi l'effarante confusion de ces souvenirs du passé, de découvrir une image déterminée, lorsqu'on en a besoin ? En fait, le clairvoyant inexpérimenté ne peut en général pas y parvenir, sans quelque lien spécial qui le mette en rapport avec le sujet qu'il veut voir. La psychométrie est précisément un de ces liens, et il est très probable que notre mémoire ordinaire n'est réellement qu'une autre représentation de la même idée. Il semble qu'il y ait une espèce d'enchaînement ou d'affinité magnétique entre toute particule de matière et le cliché qui embrasse son histoire, affinité qui lui permet d'agir comme une sorte de conducteur entre ce cliché et les facultés de quiconque peut le lire.

Voici un exemple : je rapportai, un jour, de Stonehenge, un tout petit fragment de pierre, pas plus gros que la tête d'une épingle et, lorsque je le confiai, renfermé dans une enveloppe, aux mains d'une psychomètre qui n'avait aucune idée de ce que ce pouvait bien être, elle se mit aussitôt à décrire cette ruine étonnante et le pays désolé qui l'environne ; puis elle se mit à dépeindre d'une manière vivante, ce qui était évidemment des scènes de sa prime histoire, montrant ainsi que cet infime grain de pierre avait suffi à la mettre en communication avec les souvenirs qui se rattachaient aux lieux d'où il venait. Les événements auxquels nous sommes mêlés au cours de notre vie semblent agir sur les cellules de notre cerveau, comme le fit l'histoire de Stonehenge sur ce tout petit morceau de pierre ; ils créent un lien avec ces cellules grâce auxquelles notre esprit est mis en rapport avec cette partie déterminée des clichés akâshiques et c'est ainsi que nous nous « souvenons » de ce que nous avons vu.

Un clairvoyant exercé a lui-même besoin d'un lien pour qu'il puisse trouver le cliché d'un événement dont il n'a pas déjà connaissance. Si, par exemple, il lui plaît d'assister au débarquement de Jules César sur les côtes d'Angleterre, il a plusieurs moyens de s'approcher de ce sujet. S'il se trouve avoir visité l'endroit où le débarquement eut lieu, ce qu'il aurait de plus simple à faire serait probablement de se rappeler l'image de cet endroit, pour remonter ensuite, à travers les clichés de ce dernier, jusqu'à l'époque qu'il désire connaître. S'il ne connaît pas le rivage en question, il pourrait remonter dans le temps jusqu'à la date de cet événement et se mettre ensuite à rechercher dans la Manche une flottille de galères romaines ; il pourrait encore examiner les archives akshiques de la vie romaine de cette période, et il n'éprouverait aucune difficulté à identifier un personnage aussi en vue que César, ou, l'ayant rencontré, à le suivre à travers toutes ses guerres des Gaules jusqu'au moment où il posa le pied sur le sol britannique.

Les gens s'informent souvent au sujet de l'aspect de ces clichés, demandant s'ils apparaissent près ou loin de l'œil, si les objets que l'on y voit sont grands ou petits, si les scènes se suivent comme dans un panorama, où se fondent l'une dans l'autre comme des vues qui s'effacent, et ainsi de suite. On ne peut que répondre que leur apparence varie jusqu'à un certain point avec les conditions dans lesquelles on les voit. Sur le plan astral, la réflexion est, le plus souvent, un simple tableau, quoique de temps à autre les personnages soient pourvus de mouvement ; dans ce dernier cas, c'est, au lieu d'un simple instantané, une réflexion plus longue et plus parfaite qui a lieu.

Sur le plan mental, les clichés ont deux aspects très différents. Lorsque la personne qui se trouve dans ce plan ne pense à eux d'aucune façon spéciale, ils forment comme une toile de fond à tout ce qui se passe, tout comme les réflexions d'un miroir à l'extrémité d'une pièce, pourraient constituer un arrière-plan à la vie des gens qui s'y tiendraient.

Il faut toujours se souvenir que, dans ces conditions, ce ne sont en réalité que de simples réflexions de l'incessante activité d'un grand état de conscience et sur un plan très supérieur, et qu'ils ont beaucoup d'analogies avec une interminable suite d'images de cinématographe, d'invention récente, ou photographies vivantes, ils ne se fondent pas l'un dans l'autre comme des vues qui s'effacent, et ce ne sont pas non plus des séries de tableaux se suivant les uns les autres ; mais l'action des personnages ou des objets réfléchis s'exerce constamment, comme si l'on regardait des acteurs sur une scène éloignée.

Mais si le chercheur expérimenté dirige spécialement son attention sur telle scène donnée, ou désire la faire revivre devant lui, il se produit alors aussitôt un changement extraordinaire, car il s'agit maintenant du plan de la pensée et, penser à une chose, c'est l'amener instantanément devant soi. Si, par exemple, quelqu'un veut voir la représentation de cet événement dont nous avons parlé plus haut —le débarquement de Jules César— il ne se trouve pas tout aussitôt, regarder un tableau, mais bien être en réalité sur la plage parmi les légionnaires, l'action tout entière se passant autour de lui, exactement semblable sous tous les rapports, à ce qu'il aurait vue s'il avait été là en chair et en os ce matin d'automne de l'an 55 avant J.-C. Puisque ce qu'il voit n'est qu'une réflexion, les acteurs de cet événement n'ont absolument pas conscience de sa présence parmi eux, pas plus qu'aucun effort de sa part ne peut changer le moins du monde le cours de leur action, si ce n'est, toutefois, qu'il est maître de la rapidité avec laquelle ce drame se passera sous ses yeux, — qu'il peut faire revivre devant lui en une heure, les événements de toute une année ou qu'il peut, à un moment donné, faire cesser complètement l'action et en considérer telle phase précise, telle scène particulière, aussi longtemps qu'il lui plaît de le faire, comme on examine un tableau.

En vérité, il n'observe pas seulement ce qu'il aurait vu s'il avait été là alors, en chair et en os, mais bien davantage. Il entend et comprend tout ce que les gens disent, et il est conscient de toutes leurs pensées et de tous leurs mobiles ; et l'une des plus intéressantes des nombreuses possibilités qui s'offrent à celui qui a appris à lire les clichés akâshiques, est l'étude de la pensée des âges anciens : la pensée de l'homme des cavernes et des cités lacustres ainsi que celle qui présida aux puissantes civilisations de l'Atlantide, de l'Égypte ou de la Chaldée. On imagine facilement quelles admirables possibilités s'offrent à celui qui est en pleine possession de cette faculté. Un champ de recherches historiques du plus passionnant intérêt s'ouvre devant lui. Non seulement, il peut revivre à loisir tout ce que nous connaissons de l'histoire, redressant au fur et à mesure les nombreuses erreurs et les méprises qui se sont glissées dans les récits qu'on nous a légués ; mais il peut encore parcourir à volonté l'histoire entière du monde depuis son commencement, observant le lent développement de l'intelligence chez l'homme, la descente des Seigneurs de la Flamme, et les progrès des puissantes civilisations qu'ils fondèrent.

Son étude n'est pas limitée non plus à l'évolution de l'humanité seule ; il se trouve en présence, ainsi qu'en un musée, de toute la faune et de toute la flore étranges qui florissaient aux jours de jeunesse du monde ; il peut suivre tous les étonnants changements géologiques qui se sont produits, ainsi que le cours des grands cataclysmes qui ont modifié à tant de reprises toute la surface de la terre.

Il y a même un cas spécial où celui qui peut lire les archives akâshiques se trouve en sympathie plus proche encore avec le passé. Si au cours de ses recherches il en vient à considérer une scène à laquelle il ait lui-même pris part dans une existence antérieure, il peut se comporter de deux façons ou bien assister à cet événement comme de coutume, en tant que spectateur (quoique toujours, souvenons-nous en, en spectateur dont la pénétration visuelle et la sympathie sont parfaites) ; ou bien s'identifier une fois de plus avec cette sienne personnalité morte depuis longtemps, se rejeter à nouveau pour un moment dans cette vie d'autrefois, et éprouver absolument une fois de plus les pensées et les émotions, les plaisirs et les peines d'un passé préhistorique. On ne saurait concevoir d'aventures plus violentes et plus extraordinaires que certaines de celles qu'il pourrait revivre ainsi ; cependant, au cours de toutes ces expériences, il ne doit jamais perdre conscience de sa propre individualité, et doit conserver le pouvoir de regagner à volonté sa personnalité actuelle.

On demande souvent comment il est possible à un clairvoyant de déterminer exactement la date d'un événement quelconque de ce très lointain passé qu'il évoque par les clichés. Le fait est que c'est parfois une besogne ardue que de trouver une date exacte, mais on peut généralement y parvenir lorsque cela vaut la peine d'y consacrer du temps et des efforts. Si nous avons affaire aux époques grecque ou romaine, la méthode la plus simple consiste en général à examiner l'esprit de la personne la plus intelligente qui soit présente dans le tableau, et à s'informer de la date qu'elle suppose être la bonne ; le chercheur pourrait encore la regarder écrire une lettre ou tout autre document et remarquer quelle date — s'il y en avait une — serait indiquée dans ce qu'elle aurait écrit. Une fois que l'on a acquis ainsi cette date grecque ou romaine, ce n'est plus qu'une question de calcul que de la rapporter à notre propre système de chronologie.

Un autre procédé fréquemment adopté est celui qui consiste à se détourner de la scène que l'on examine pour observer une autre scène contemporaine dans quelque ville grande et bien connue, comme Rome, et à noter quel monarque y règne, ou quels sont les consuls de l'année ; et quand on possède ces données, un coup d'œil jeté sur n'importe quel bon livre d'histoire fera le reste.

Parfois on peut connaître une date en examinant quelque proclamation publique ou quelque document légal ; en somme, pour les temps dont nous parlons, la difficulté est aisément vaincue.

Toutefois, le problème n'est certes pas aussi simple, lorsque nous avons affaire à des périodes bien antérieures à celles-là, comme les périodes égyptiennes, à ses débuts, chaldéenne ou chinoise, ou, pour remonter plus haut encore, les périodes de l'Atlantide elle-même ou de quelqu'une de ses nombreuses colonies. Là encore, on peut assez facilement obtenir une date de l'esprit de n'importe quel homme instruit, mais il n'y a plus moyen de la relier à notre propre système chronologique, puisque l'homme comptera par ères dont nous ne savons rien, ou par les règnes de rois dont l'histoire se perd dans la nuit des temps.

Nous n'avons pas, quoi qu'il en soit, encore épuisé nos méthodes. Rappelons-nous que le clairvoyant peut faire passer les clichés akâshiques devant lui à la vitesse qu'il désire, une année à la minute, s'il lui plaît, ou même plus rapidement encore. Or, il y a dans l'histoire ancienne, un ou deux événements dont les dates ont été établies avec certitude, comme, par exemple, la chute de Poseidonia en l'année 9564 avant Jésus-Christ. Donc, tout naturellement, si par l'aspect général de ce qui l'accompagne il semble probable que telle image vue soit à une distance appréciable de l'un de ces événements, elle peut être rattachée à ce dernier par le simple moyen qui consiste à parcourir rapidement ce cliché et à compter le nombre d'années qui sépare les deux événements à mesure que ceux-ci défilent devant nous.

Pourtant s'il s'agissait là de repasser des milliers d'années en revue, comme cela pourrait arriver parfois, ce procédé serait insupportablement fastidieux. Dans ce cas, il faut nous reporter à la méthode astronomique. Par suite du mouvement qui est couramment appelé la précession des équinoxes, — bien que ce phénomène pourrait être plus exactement défini comme une sorte de seconde rotation de la terre, — l'angle formé par l'équateur et l'écliptique varie incessamment, mais très lentement. C'est ainsi qu'après de longs intervalles de temps nous trouvons que le pôle terrestre n'est plus orienté vers le même point dans l'apparente sphère céleste, ou, en d'autres termes, notre étoile polaire n'est pas, comme à présent, l'α de la Petite Ourse, mais bien quelque autre corps céleste ; et, par cette position du pôle de la terre, position dont on peut s'assurer en examinant attentivement, la nuit, le ciel de l'image que l'on considère, on peut sans difficulté déterminer par le calcul une date approximative.

Pour estimer la date d'événements qui se sont passés il y a des millions d'années chez les races primitives, on se sert fréquemment comme unité de la période d'une rotation secondaire (ou la précession des équinoxes), mais il va de soi que dans des cas de cette nature la parfaite exactitude n'est pas nécessaire ; des chiffres ronds suffisent à tout ce que l'on peut pratiquement se proposer d'établir, lorsqu'il s'agit d'époques reculées.

Il ne faut cependant pas croire que la lecture précise des archives akâshiques — qu'il s'agisse de celles de sa propre vie passée, ou de celles des autres — soit à la portée de quiconque n'y aurait pas soigneusement été préparé d'avance. Ainsi que nous l'avons déjà remarqué, bien qu'on puisse de temps à autre avoir des visions sur le plan astral, il faut posséder la faculté de se servir du sens mental avant de pouvoir se livrer à aucune lecture digne de foi. Bien plus, afin de réduire les causes d'erreur au minimum, le clairvoyant devrait jouir de la maîtrise parfaite de ce sens, à l'état de veille dans son corps physique ; et c'est au prix d'années d'incessant labeur et de rigoureuse discipline de soi-même que l'on acquiert cette faculté.

Beaucoup de gens paraissent s'attendre à ce que, dès l'instant où ils auront signé leur demande d'admission à la Société Théosophique et où ils en feront partie, ils se rappelleront aussitôt trois ou quatre de leurs naissances antérieures , bien mieux, il en est qui se mettent bien vite à imaginer des souvenirs et déclarent que dans leur dernière incarnation ils étaient, qui Marie, reine d'Écosse, qui Cléopâtre, qui Jules César ! Il va de soi que d'aussi extravagantes prétentions ne font que semer le discrédit sur ceux qui sont assez fous pour les émettre ; mais malheureusement, un peu de ce discrédit est susceptible de retomber, quelque injustement que ce soit, sur la Société à laquelle ils appartiennent, de sorte que l'homme qui sent gronder au fond de lui-même la conviction qu'il fut Homère ou Shakespeare ferait bien de s'en tenir là et de commencer par faire preuve de sens commun sur le plan physique, avant de faire part de la nouvelle au monde entier.

Il est parfaitement vrai que des gens ont entrevu en rêve des scènes de leurs existences passées, mais naturellement ces visions sont en général partielles et peu dignes de créance. J'ai eu moi-même, au début de ma vie, une vision de ce genre. Je remarquai qu'au nombre de mes rêves, il en était un qui se reproduisait constamment ; je voyais une maison, flanquée d'un portique qui avait vue sur une magnifique baie, non loin d'une colline au sommet de laquelle s'élevait un monument gracieux. Je connaissais admirablement cette maison et j'étais aussi familier avec la distribution des pièces qui la composaient et la vue que l'on avait de sa porte que je l'étais avec les pièces et la vue de ma propre demeure, en cette vie-ci. A cette époque-là, je ne savais rien de la réincarnation, de sorte que je ne vis qu'une curieuse coïncidence dans le retour si fréquent de ce rêve ; et ce ne fut que quelque temps après mon entrée dans la Société, un jour où quelqu'un qui savait me montrait les images de ma dernière incarnation que je découvris que mon rêve persistant avait été en réalité un souvenir partiel, et que la maison que je connaissais si bien était celle où j'étais né il y a plus de deux mille ans.

Mais bien qu'on cite plusieurs cas où telle scène dont on a nettement gardé le souvenir s'est ainsi transmise d'une vie à l'autre, il faut qu'un clairvoyant arrive à un développement considérable de la faculté occulte avant de pouvoir retrouver, d'une manière déterminée, une série d'incarnations, fussent-elles les siennes propres ou celles d'un tiers. Ceci apparaîtra clairement si nous nous rappelons les données du problème à résoudre. Pour suivre un individu, de cette vie-ci dans celle qui l'a précédée, il faut commencer tout d'abord par remonter dans sa vie présente, à sa naissance, et puis il faut parcourir à rebours les étapes par lesquelles l'Ego descendit en incarnation.

Il est clair que nous en arriverons éventuellement ainsi à retrouver l'Ego tel qu'il était dans les niveaux supérieurs du plan mental ; on verra donc que, pour faire effectivement cette opération, le chercheur doit être en état de se servir, à l'état de veille ou tout éveillé, du sens correspondant à ce niveau élevé ; en d'autres termes, son état de conscience doit se concentrer dans l'Ego réincarnant lui-même, et non plus dans la personnalité inférieure. Dans ce cas, la mémoire de l'Ego étant éveillée, ses propres incarnations antérieures s'offriront à ses regards, ainsi qu'un livre ouvert, et il pourrait même, s'il le désirait, examiner les conditions d'un autre Ego sur ce niveau, et le suivre à travers les vies inférieures mentales et astrales antérieures, jusqu'à ce qu'il en arrivât à la dernière mort physique de cet Ego, et, par elle, à la vie précédente.

Il n'y a pas d'autre procédé que celui-là pour passer en revue la chaîne des vies avec une absolue certitude : et par conséquent, nous pouvons aussitôt repousser comme imposteurs conscients ou inconscients, les gens qui annoncent pouvoir retrouver les incarnations passées du premier venu à raison de tant de shillings par tête. Il est superflu de dire que l'occultiste véritable ne fait pas de réclame et que ce n'est jamais, sous aucun prétexte, pour de l'argent qu'il exerce ses facultés.

Assurément, l'étudiant qui veut acquérir le pouvoir de retrouver une série d'incarnations peut y parvenir simplement grâce aux leçons d'un maître qualifié. Certains individus ont affirmé avec obstination qu'il suffisait qu'un homme fût bon, religieux et « fraternel » pour que toute la sagesse des siècles lui fût octroyée ; mais un peu de bon sens montrera tout de suite l'absurdité de cette allégation. Quelque sage que soit un enfant, s'il veut savoir sa table de multiplication, il faut qu'il travaille pour l'apprendre ; il en est de même de la capacité de se servir des facultés spirituelles. Ces facultés elles-mêmes se manifesteront sans doute à mesure que l'homme évoluera, mais c'est seulement par un travail régulier et assidu ainsi que par un effort persévérant qu'il peut apprendre à les utiliser en toute confiance et le plus profitablement.

Prenez le cas de ceux qui veulent aider autrui alors que, pendant leur sommeil, ils se trouvent sur le plan astral ; il est hors de doute que, plus ils seront instruits ici-bas, et plus leur secours sera efficace sur ce plan supérieur. C'est ainsi que la connaissance des langues étrangères leur serait utile, car, bien que sur le plan mental, les individus peuvent communiquer entre eux directement par transmission de pensée, quelle que soit leur langue maternelle, il n'en est pas de même sur le plan astral, où une pensée a besoin d'être formulée d'une façon précise par des mots pour qu'elle soit compréhensible. Si donc vous voulez aider une personne sur ce plan, il vous faut savoir quelque langage connu d'elle et de vous qui vous permette de communiquer, et il s'ensuit que plus vous connaîtrez de langues et plus vous pourrez vous rendre utile. En fait, il n'y a peut-être pas d'ordre de savoir dont l'occultiste ne trouve pas à tirer profit.

Il conviendrait que les étudiants ne perdissent pas de vue que l'occultisme est l'apothéose du sens commun, et que toute vision qui leur arrive n'est pas nécessairement une représentation des clichés akâshiques, ni toute expérience une révélation d'en haut. Il vaut bien mieux errer dans le champ d'un honnête scepticisme que de s'égarer dans celui d'une trop grande crédulité ; et c'est là une règle admirable, qui consiste à ne rechercher jamais une application occulte d'un événement quelconque lorsqu'il s'en présente une physique, simple et évidente. Notre devoir est de nous efforcer toujours de conserver notre équilibre, de ne jamais cesser d'être maîtres de nous-mêmes et d'envisager avec raison et bon sens tout ce qui peut nous arriver ; nous serons ainsi de meilleurs théosophes, des occultistes plus avisés et des aides plus utiles qu'auparavant.

Nous rencontrons, comme d'habitude, des exemples à tous les degrés de la faculté de voir dans la mémoire de la nature, depuis l'homme expérimenté qui peut consulter les archives akâshiques pour soi-même, à sa guise, jusqu'à celui qui ne fait qu'entrevoir vaguement de temps en temps, ou bien, peut-être, à qui la chose n'est arrivée qu'une seule fois. Mais celui même qui ne possède que partiellement et rarement cette faculté, y trouve le plus vif intérêt. Le psychomètre qui a besoin d'un objet physiquement en rapport avec le passé afin de pouvoir faire revivre ce passé autour de lui, et le *crystal gazer* qui peut parfois braquer son télescope astral, moins sûr, sur tel événement historique fort lointain, peuvent tous deux éprouver le plus grand plaisir à exercer leurs dons respectifs, bien qu'ils puissent ne pas toujours comprendre exactement comment ils obtiennent leurs résultats et qu'ils puissent n'en pas être parfaitement maîtres en toutes circonstances.

Dans de nombreux cas de manifestations inférieures de ces pouvoirs, nous constatons qu'ils s'exercent inconsciemment ; plus d'un *crystal gazer* observe des scènes du passé sans être capable de les distinguer des visions du présent, et plus d'un individu vaguement psychique voit constamment des tableaux se présenter à ses yeux sans se rendre compte jamais qu'il *psychométrise*, en réalité, les divers objets qui l'entourent, à mesure qu'il lui arrive de les toucher ou de s'approcher d'eux.

Une variété intéressante de cette catégorie de psychique est représentée par l'homme qui ne peut psychométriser que des personnes, et non, comme cela est plus fréquent, des objets inanimés. Dans la plupart des cas cette faculté se manifeste par intermittence de sorte qu'un psychique de cette espèce peut souvent — si on le présente à une personne étrangère— voir en un clin d'œil quelque événement important de la vie antérieure de cette personne, tandis qu'en d'autres circonstances semblables, il ne recevra aucune impression. Il nous arrive plus rarement de trouver quelqu'un qui a des visions détaillées de la vie passée de tous ceux qu'il rencontre. Un des meilleurs exemples, peut-être, de cette catégorie de clairvoyance, nous est fourni en la personne de l'écrivain allemand Zschokke, qui décrit dans son autobiographie cette faculté extraordinaire qu'il se trouva posséder. Voici ce qu'il dit :

« Il m'est arrivé parfois, lors d'une première rencontre avec un individu qui m'était totalement inconnu, qu'après avoir écouté sa conversation en silence, sa vie passée, jusqu'au moment présent, m'est apparue avec quantité de petites circonstances se rapportant à tel ou tel événement particulier, comme en un rêve, mais distinctement, tout à fait involontairement, et sans l'avoir cherché, le phénomène ne durant que quelques minutes.

«Pendant longtemps je fus porté à considérer ces visions fugitives comme un jeu du hasard, et cela d'autant plus, que mon rêve-vision me représentait l'habillement et les mouvements des acteurs, l'aspect de la pièce, le mobilier, et divers autres détails de la scène; jusqu'à ce qu'un beau jour, étant d'humeur enjouée, je racontai à ma famille l'histoire secrète d'une couturière qui venait juste de sortir de la pièce. Je n'avais jamais vu cette personne auparavant. Néanmoins les auditeurs en furent étonnés, ils rirent et ne voulurent pas croire que —je n'avais pas préalablement eu connaissance de la vie antérieure de la personne en question, étant donné que ce que j'avais dit était parfaitement vrai.

«Je n'en fus pas moins surpris, pour ma part, de voir que mon rêve-vision était conforme à la réalité. Dès lors, je prêtai plus d'attention à ces phénomènes et me mis, chaque fois que les convenances m'y autorisaient, à raconter à ceux dont les vies avaient ainsi passé sous mes yeux, la substance de mon rêve-vision, afin de le leur faire contester ou confirmer. En toutes circonstances, j'en reçus la confirmation, non sans ébahissement de la part de ceux qui me la donnaient.

«Un certain jour de foire, je me rendis à la ville de Waldshut, accompagné de deux jeunes forestiers qui sont encore en vie. C'était le soir, et, fatigués de notre marche, nous entrâmes dans une auberge appelée la «Vigne». Nous soupâmes en nombreuse compagnie à la table commune, lorsqu'il advint que l'on se mît à plaisanter sur la singularité et sur la simplicité des Suisses, touchant leur croyance au mesmérisme, au système physiognomonique de Lavater, etc. Un de mes compagnons dont l'amour-propre national souffrait de ces railleries, me pria de répondre quelque chose, et de m'adresser particulièrement à un jeune homme de mine plus relevée, qui nous faisait face et qui s'était laissé aller à une moquerie sans réserve.

«Il arriva que les événements de la vie dudit jeune homme venaient justement de passer devant mon esprit. Je lui demandai s'il me répondrait avec vérité et avec franchise si je lui racontais les incidents les plus secrets de son histoire, à lui qui m'était aussi peu connu que je l'étais de lui. Ce serait là, dis-je, surpasser quelque peu l'habileté physiognomonique de Lavater. Il me promit, si je disais la vérité, d'en convenir ouvertement. Je racontai donc les événements que m'avait fait connaître mon rêve-vision et la tablée apprit l'histoire de la vie du jeune commerçant, de ses années d'école, de ses peccadilles, et, finalement, d'un léger acte de fourberie, qu'il avait commis sur la caisse de son patron. Je fis la description de la pièce inhabitée, avec ses murs blancs, dans laquelle, à droite de la porte peinte en brun, s'était trouvé sur la table le petit coffre-fort noir, etc. L'individu, très frappé, convint de l'exactitude de chaque incident rapporté par moi, et même, —ce à quoi je ne pouvais guère m'attendre, — du dernier.»

Et après avoir narré cette aventure, le digne Zschokke continue à se demander calmement si peut-être, après tout, cette remarquable faculté, qu'il avait si souvent exercée, ne pourrait pas vraiment avoir toujours été le résultat d'une simple coïncidence due au hasard !

On ne trouve mention, dans les livres qui ont été écrits sur ce sujet, que de relativement très peu de gens qui aient possédé cette faculté de voir dans le passé, et on pourrait par conséquent supposer que le fait est beaucoup moins fréquent qu'on ne l'imagine. Je soupçonne, quoi qu'il en soit, que la vérité est plutôt que cette faculté est bien moins fréquemment reconnue. Comme je l'ai déjà dit, il peut arriver très bien qu'une personne voie une image du passé sans la reconnaître pour telle, à moins qu'il ne s'y trouve quelque chose qui attire spécialement son attention comme un individu en armes ou vêtu à l'antique. Une prévision a pu ne pas toujours être reconnue pour telle, au moment où elle a lieu ; mais la venue d'un événement prévu la rappelle d'une manière vivante à l'instant où il se produit en fait, de sorte qu'il est peu probable qu'elle passe inaperçue. Il est donc à croire que les lueurs occasionnelles de ces réflexions astrales de clichés akâshiques sont plus fréquentes que ne nous le feraient croire les récits qu'on en publie.

CHAPITRE VIII

Même si, d'une manière vague, nous nous sentons capables de concevoir l'idée que le passé tout entier peut être simultanément et activement présent dans un état de conscience suffisamment élevé, nous nous heurtons à une difficulté bien plus grande quand nous tâchons de comprendre comment cet état de conscience peut également englober l'avenir. Si nous pouvions croire en la doctrine mahométane du *kismet* ou en la théorie calviniste de la prédestination, cette conception serait assez aisée ; mais, sachant, comme nous le savons, que ce ne sont là que deux grotesques déformations de la vérité, il nous faut rechercher une hypothèse plus acceptable.

Il peut se trouver encore des gens qui nient la possibilité de la prévision, mais une pareille négation montre tout simplement leur ignorance de l'évidence que l'on a acquise à cet égard. Le grand nombre de cas authentiques ne laisse pas de place au doute quant aux faits eux-mêmes, mais beaucoup d'entre eux sont d'une nature telle qu'une explication raisonnable n'est assurément pas facile à trouver. Il est évident que l'Ego possède une certaine dose de faculté de prévision et, si les événements prévus étaient toujours de grande importance, on pourrait supposer qu'un stimulant extraordinaire lui ait permis, pour cette seule occasion, de produire sur sa personnalité inférieure une impression nette de ce qu'il a vu. C'est là, à n'en pas douter, l'explication de nombreux cas où l'on prévoit la mort ou quelque grave désastre, mais on en a noté un grand nombre auquel cette explication ne semble pas convenir, puisque les événements prévus sont souvent d'un ordre trivial et tout à fait sans importance.

Une histoire très connue de seconde vue qui eut lieu en Écosse, expliquera ce que je veux dire. Un individu qui ne croyait pas à l'occultisme fut prévenu par un voyant du Highland de la mort prochaine d'un voisin. Cette prophétie fut accompagnée d'une abondance considérable de détails, entre autres d'une description complète des funérailles, avec l'indication du nom de quatre personnes qui tiendraient les cordons du poêle et de diverses autres personnes qui y assisteraient. Il paraît que celui à qui tout ceci fut raconté rit de la bonne histoire et l'oublia bien vite, mais la mort de son voisin, qui se produisit à l'époque annoncée, lui rappela la prophétie et il résolut de la faire mentir en quelque façon et d'être lui-même l'un dès quatre individus qui tiendraient les cordons du poêle. Il obtint qu'il en fût ainsi décidé, mais juste au moment où le convoi allait se mettre en marche, quelque incident sans aucune importance l'obligea à abandonner son poste, seulement pour une minute ou deux. Et comme il revenait en grande hâte, il vit avec surprise que le convoi s'était ébranlé sans lui et que la prédiction avait été exactement accomplie, car les cordons étaient bien tenus par les quatre personnes que la vision avait désignées.

Il s'agit donc là d'un détail sans importance, qui ne pouvait vraiment intéresser personne, et qui a été prévu d'une manière déterminée des mois à l'avance ; et, bien qu'un homme fasse un effort précis en vue de modifier l'ordre annoncé des choses, il échoue complètement dans son projet. A coup sûr, ceci ressemble beaucoup à de la prédestination, même dans les plus petits détails, et ce n'est que lorsque nous examinons cette question du haut de plans supérieurs, que nous voyons comment il nous est possible de nous soustraire à cette théorie. Sans doute, comme je l'ai dit précédemment à propos d'un autre chapitre de ce sujet, l'explication complète du phénomène nous échappe et apparemment, nous échappera jusqu'au jour où notre savoir sera infiniment plus grand qu'il ne l'est actuellement ; tout ce que nous pouvons espérer faire pour l'instant est d'indiquer la route à suivre avec l'espoir d'y trouver l'explication cherchée.

Il n'y a pas le moindre doute que, de même que ce qui arrive maintenant est la résultante de causes qui ont agi dans le passé, de même ce qui arrivera dans l'avenir sera la résultante des causes qui s'exercent à présent. Même ici-bas, nous pouvons prévoir que si telles actions prennent place, tels résultats les suivront ; mais nos prévisions sont constamment sujettes à être altérées par l'intervention de facteurs qu'il ne nous a pas été permis d'escompter. Pourtant, si nous élevons notre état de conscience jusqu'au plan mental, nous pouvons prévoir à une échéance bien plus lointaine, les résultats de nos actions.

Nous pouvons suivre, par exemple, l'effet produit par un mot accidentellement prononcé, non pas seulement sur la personne à qui il fut adressé, mais, par elle, sur beaucoup d'autres, à mesure que ce mot se répand, élargissant chaque fois le cercle davantage, jusqu'au moment où il semble avoir agi sur le pays tout entier ; l'efficacité d'une vision de cette espèce, ne l'eût-on qu'entrevue, est bien plus grande que tous les préceptes moraux, pour faire ressortir la nécessité d'une extrême circonspection de pensée, de parole et d'action. Non seulement nous pouvons, de ce plan, voir ainsi, le résultat de chaque action, mais encore où et de quelle manière les résultats d'autres actions, en apparence tout à fait étrangères aux premières, peuvent intervenir et les modifier. En fait, on peut dire que les résultats de toutes les causes actuellement agissantes, sont nettement visibles ; que l'avenir, tel qu'il serait, si aucune cause nouvelle ne devait surgir, est grand ouvert à notre examen. Naturellement, des causes nouvelles se présentent, parce que la volonté de l'homme est libre ; mais, pour la plupart des gens, l'emploi qu'ils feront de leur liberté peut être prévu avec une très grande exactitude. L'individu moyen a si peu de volonté véritable, qu'il est dans une grande mesure l'homme des circonstances : les actions accomplies dans ses vies antérieures le placent dans un certain milieu, et l'influence que ce milieu exerce sur lui est à un tel point le facteur le plus important dans l'histoire de sa vie que son avenir peut être prévu avec une certitude quasi mathématique. Chez l'homme développé, les choses changent ; pour lui aussi, les événements principaux de sa vie découlent de sa conduite passée, mais la façon dont il leur permettra d'agir sur lui, les méthodes selon lesquelles il les envisagera et en triomphera peut-être, tout cela lui appartient en propre et ne peut pas être prévu même sur le plan mental, si ce n'est que comme probabilités.

Lorsqu'on regarde ainsi d'en haut la vie de l'homme, il semble que son libre arbitre ne puisse s'exercer qu'à certaines crises de sa carrière. Il arrive à une époque de son existence où deux ou trois voies s'offrent clairement à lui ; il est absolument libre de choisir celle d'entre elles qui lui plaît et, bien qu'une personne qui connaîtrait à fond sa nature pourrait être à peu près certaine de son choix, une semblable connaissance de la part de son ami n'exerce sur lui aucune contrainte.

Mais quand il a choisi sa voie, il faut qu'il la suive et qu'il accepte les conséquences de son choix ; s'étant engagé dans un sentier déterminé, il peut, dans bien des cas, avoir à marcher très longtemps avant que l'occasion se présente pour lui de bifurquer. Sa situation ressemble à celle d'un mécanicien sur sa locomotive ; lorsqu'il arrive à une bifurcation, il peut aiguiller dans telle direction ou dans telle autre, et prendre ainsi telle ligne qu'il lui plaît ; mais quand il a choisi de passer sur l'une d'elles, il est tenu d'y avancer jusqu'à ce qu'il atteigne une autre bifurcation, où il aura à nouveau l'occasion de choisir.

En regardant du haut du plan mental, ces points de départ nouveaux seraient nettement visibles, et toutes les conséquences qu'entraînerait l'un ou l'autre choix nous seraient connues, sûres de se produire telles quelles dans leurs plus petits détails. Le seul point qui resterait douteux serait la question primordiale du choix qu'adopterait l'individu. Ce qui fait, qu'en somme, nous aurions sous les yeux, non pas un seul, mais plusieurs avenirs sans qu'il nous fût nécessairement permis de déterminer lequel d'entre eux se matérialiserait en s'accomplissant. La plupart du temps, une probabilité nous apparaîtrait si forte que nous n'hésiterions pas à nous décider ; mais l'exemple que j'ai montré est à coup sûr théoriquement possible. Cependant, ce degré-là de savoir nous permettrait de faire avec sécurité un assez grand nombre de prédictions ; et il ne nous est pas difficile d'imaginer qu'une faculté bien supérieure à la nôtre pourrait toujours être à même de prévoir dans quel sens chaque choix se manifestera, à même, par conséquent, de prophétiser, avec une certitude absolue.

Sur le plan bouddhique, toutefois, il n'est pas besoin d'un procédé si délicat d'appréciation consciente, car, ainsi que je l'ai déjà dit, le passé, le présent et le futur y existaient tous trois simultanément, sous un aspect qui est, ici-bas, totalement inexplicable. On ne peut qu'accepter ce fait, car sa cause siège dans la faculté du plan, et la façon dont se comporte cette faculté supérieure est naturellement tout à fait incompréhensible pour le cerveau physique. De temps en temps, néanmoins, nous découvrons une échappée qui semble nous rapprocher un tout petit peu d'une vague possibilité de comprendre. C'est ainsi que le docteur Oliver Lodge nous ouvre un de ces aperçus, par son adresse à la *British Association* de Cardiff :

« Une pensée lumineuse et secourable, dit-il, consiste à croire que le temps n'est qu'un mode relatif de regarder les choses ; nous progressons à travers les phénomènes à une certaine allure déterminée, et nous interprétons objectivement cette avance subjective, comme si les événements se succédaient nécessairement dans cet ordre et à cette vitesse précise. Mais ce peut n'être là qu'une seule façon de les regarder. Les événements peuvent être, dans une certaine mesure, toujours en existence, existence passée et future, et il est possible que ce soit nous qui allions vers eux, et non pas eux qui se produisent. C'est ce qui se passe pour le voyageur qui est en chemin de fer, s'il ne pouvait jamais quitter son compartiment ni modifier la vitesse du train, il considérerait les paysages comme se succédant nécessairement les uns aux autres, et il ne saurait concevoir leur coexistence . Nous percevons donc comme possible un aspect à quatre dimensions du temps, dont le cours inexorable peut être partie naturelle de nos limitations présentes. Et si nous saisissons une bonne fois cette idée que le passé et le futur peuvent exister actuellement, il nous est permis de reconnaître qu'ils peuvent avoir une influence maîtresse sur toute action présente et constituer à eux deux "le plan supérieur" ou la totalité des choses qu'à mon sens, nous sommes contraints de rechercher en rapport avec la direction de la forme ou le déterminisme et l'action des êtres vivants consciemment tendue vers un but défini et conçu d'avance. »

En réalité, le temps n'est pas le moins du monde la quatrième dimension ; cependant, le considérer, pour l'instant, à ce point de vue, nous aide quelque peu à saisir l'insaisissable. Supposez que nous placions un cône de bois perpendiculairement à une feuille de papier et que nous le poussions doucement de manière à en faire passer la pointe au travers. Le microbe qui vivrait à la surface de cette feuille de papier et n'aurait pas le pouvoir de concevoir quoi que ce fût en dehors de cette surface, non seulement ne pourrait jamais se représenter ce cône comme un tout, mais il ne pourrait se forger aucune conception d'un corps semblable. Tout ce qu'il verrait serait l'apparition soudaine d'un tout petit cercle, qui grandirait peu à peu et mystérieusement, jusqu'au moment où il s'évanouirait de son monde à lui, aussi subitement et incompréhensiblement qu'il y serait entré.

Ainsi, ce qui était en réalité une série de sections du cône, lui paraîtrait être des stades successifs dans la vie d'un cercle, et il lui serait impossible de comprendre que ces états successifs pouvaient être vus simultanément. Il nous est cependant assez facile, à nous qui observons ce phénomène sous un autre jour, de voir que le microbe est simplement victime d'une illusion due à ses propres limitations, et que le cône ne cesse pas d'exister comme un tout. Notre propre illusion quant au passé, au présent et à l'avenir, n'est sans doute pas différente de celle du microbe, et la conception que l'on se fait d'une suite d'événements du plan bouddhique, correspond à la représentation du cône comme un tout. Naturellement, toute tentative de réaliser cette suggestion nous entraîne à une série d'étonnants paradoxes ; mais le fait n'en demeure pas moins un fait, et le jour viendra où il nous paraîtra clair comme le jour.

Par conséquent, lorsque l'état de conscience d'un élève est entièrement développé sur le plan bouddhique, il lui devient possible de prévoir parfaitement, bien qu'il ne puisse peut-être —que dis-je, bien qu'il ne puisse certainement pas— faire rendre à sa vision son résultat tout entier et ordonné sous ce jour-ci.

Cependant, il est certain qu'il est capable, quand cela lui plaît, d'exercer dans une grande mesure sa faculté de prévision ; et même quand il ne l'exerce pas, il a, dans sa vie courante, de fréquentes lueurs de prescience, en sorte qu'il a souvent même avant leur commencement une intuition instantanée de la tournure que prendront les événements.

A défaut de cette prévision parfaite, nous trouvons, comme dans les cas précédents, que ce genre de clairvoyance existe à tous les degrés, depuis les rares et vagues avertissements, auxquels on ne peut, en aucune manière, donner le nom de visions, jusqu'à la seconde vue fréquente et presque complète. La faculté à laquelle on a donné ce nom quelque peu déroutant est extrêmement intéressante et mériterait bien une étude plus sérieuse et plus systématique que celle qu'on lui a accordée jusqu'à ce jour.

Nous la connaissons surtout par ce fait qu'elle se rencontre assez fréquemment chez les Highlanders écossais, bien qu'ils n'en aient assurément pas le monopole.

Il y en a eu des exemples dans presque tous les pays, mais ceux-ci sont toujours plus courants parmi les habitants des montagnes et parmi ceux qui vivent dans la solitude.

En Angleterre, nous en parlons souvent comme de l'apanage exclusif de la race celtique, mais en réalité elle s'est manifestée dans le monde entier chez les nations occupant des situations géographiques similaires. C'est ainsi, entre autres, qu'on la dit très commune parmi les paysans westphaliens.

Parfois, la seconde vue consiste en un tableau qui représente nettement à l'avance un événement futur ; mais, plus fréquemment, peut-être, c'est sous une apparence symbolique qu'il nous est permis d'entrevoir l'avenir. Il est à noter que les événements prévus sont invariablement des événements désagréables : la mort, la plupart du temps ; je ne me souviens pas d'une seule circonstance où la seconde vue ait montré quelque chose qui ne fût de la nature la plus sombre. Elle est d'un hideux symbolisme qui lui est tout personnel, —symbolisme de linceuls, de cierges et d'autres horreurs funéraires. Elle semble dépendre, dans une certaine mesure, de la localité où elle se produit, car on affirme que les habitants de l'île de Skya, qui possèdent souvent cette faculté, la perdent lorsqu'ils quittent l'île, quand bien même ne serait-ce que pour aller sur le continent. Le don d'une telle vision est quelquefois héréditaire dans une famille, pendant des générations, mais ce n'est pas là une règle invariable, car souvent il se manifeste sporadiquement chez un membre d'une famille, indemne par ailleurs de sa lugubre influence.

J'ai déjà donné un exemple d'une vision précise d'un événement futur, vision qui se produisit quelques mois avant le fait qu'elle annonçait. En voici un autre, plus frappant peut-être, que je rapporte textuellement comme me le raconta un de ses acteurs.

« Nous nous enfonçâmes dans la jungle et nous marchions depuis environ une heure sans grand succès, lorsque Cameron, qui se trouvait à côté de moi, s'arrêta soudain, devint pâle comme la mort, et, indiquant un point qui se trouvait droit devant lui, cria en des accents d'horreur :

—Vois ! Vois ! ciel miséricordieux, regarde là !

—Où ? quoi ? qu'est-ce ? criâmes-nous tous à la fois en nous précipitant vers lui et en regardant autour de nous, croyant rencontrer un tigre, un cobra, ou quoi encore ! mais à coup sûr quelque chose de terrible, puisque cela avait suffi à causer à notre camarade généralement maître de soi-même une émotion si violente. Cependant, on ne pouvait voir ni tigre ni cobra, ni rien... rien que Cameron, le bras toujours tendu, le visage effrayant, hagard et les yeux sortant de l'orbite, fixant quelque chose que nous ne pouvions pas voir.

— Cameron! Cameron! criai-je, en le saisissant par le bras. Au nom du ciel, parle! Qu'as-tu donc?

« Je n'avais pas plus tôt prononcé ces paroles qu'un son faible, mais très particulier frappa mes oreilles et Cameron, laissant retomber son bras, dit d'une voix blanche et étranglée : « Là! tu l'as entendu? Dieu merci, c'est fini! », puis il tomba par terre évanoui.

« Il y eut un moment de désarroi pendant que nous dégrafâmes son col, et j'aspergeai sa figure d'eau qui se trouvait par bonheur dans ma gourde, tandis qu'un autre cherchait à verser de l'eau-de-vie entre ses dents serrées ; et je chuchotai en même temps à l'ami qui était à côté de moi (entre parenthèses, un de nos plus grands sceptiques)

— Beauchamp, as-tu entendu quelque chose?

— Je crois bien, répondit-il, un bruit curieux, très curieux, une espèce de craquement ou de cliquetis très lointain, et très distinct pourtant ; si ce n'était pas tout à fait impossible, je jurerais que c'était un crépitement de fusillade.

— Exactement mon impression, murmurai-je ; mais, chut! il revient à lui.

« Au bout d'une ou deux minutes, Cameron put parler faiblement ; il nous remercia et s'excusa du mal qu'il nous donnait, puis il se mit bientôt sur son séant, s'adossa à un arbre et, d'une voix ferme quoique douce, nous dit :

— Mes chers amis, je sens que je vous dois une explication de mon extraordinaire conduite. Je me dispenserais volontiers de vous la donner ; mais il le faudra tôt ou tard ; je puis donc bien m'exécuter tout de suite. Vous avez peut-être remarqué que, lorsque, au cours de notre voyage, vous vous moquâtes en chœur des rêves, des présages et des visions, j'évitai invariablement de donner une opinion quelconque sur ce sujet. Si je m'abstins ainsi, ce fut que, tandis que je ne voulais ni me faire tourner en ridicule, ni provoquer de discussion, je ne pouvais pas être d'accord avec vous, ne sachant que trop bien par ma propre et terrible expérience, que le monde que les hommes s'accordent à appeler surnaturel est tout aussi réel, — qui sait peut-être, bien, plus réel, même, — que ce monde qui vous entoure. En d'autres termes, je suis, comme beaucoup de mes compatriotes, affligé du don de seconde vue, — cette épouvantable faculté qui prédit en des visions des calamités qui ne doivent pas tarder à se produire.

« C'est une vision de ce genre que je viens d'avoir, et son caractère exceptionnellement horrible m'a bouleversé, comme vous l'avez vu. Je vis devant moi un cadavre, — non pas celui d'un homme mort d'une fin paisible et naturelle, mais celui de la victime d'un abominable accident, une masse hideuse, informe, la face enflée, écrasée, méconnaissable. Cette dépouille atroce, je la vis dans un cercueil et j'assistai au service funèbre. Je vis le cimetière, et je vis le prêtre ; et, bien que je ne les eusse jamais vus auparavant, je les revois à présent, dans mon esprit, nettement, l'un et l'autre ; je te vis, je me vis moi-même, et puis Beauchamp, et nous tous, et bien d'autres encore, debout, en deuil, au bord de la tombe ; je vis les soldats épauler leurs fusils quand le service eut pris fin ; j'entendis leur feu de salve, — et puis, je ne sus plus rien. »

« Tandis qu'il parlait ainsi de cette salve, je jetai, avec un frisson, un regard sur Beauchamp, et je n'oublierai jamais l'impression d'horreur peinte sur ce beau visage pétrifié de sceptique. »

Ce n'est là qu'un tableau (et non point le principal) d'une très remarquable histoire de phénomène psychique, mais puisqu'il n'est question, pour l'instant, que de l'exemple de seconde vue qu'elle nous offre, je me borne à dire qu'un peu plus tard, le même jour, la bande de jeunes soldats découvrit le corps de leur commandant dans l'état horrible décrit par M. Cameron d'une façon si saisissante. Le récit se poursuit ainsi :

« Quand, le soir suivant, nous arrivâmes à destination, quand nous eûmes confié aux autorités compétentes notre douloureux dépôt, nous allâmes, Cameron et moi, nous promener doucement, pour tâcher, grâce à l'apaisante influence de la nature, de secouer un peu de cette tristesse qui paralysait nos esprits. Soudain, il empoigna mon bras, et, montrant du doigt ce qui était de l'autre côté d'un grillage, dit, d'une voix tremblante : "Oui, c'est bien cela ! voici le cimetière que je vis hier." Et quand, un peu plus tard, nous fûmes présentés à l'aumônier du poste, je remarquai, bien que mes amis ne s'en aperçussent pas, avec quel indomptable frisson il lui serra la main et je compris aussitôt qu'il venait de reconnaître le prêtre de sa vision. »

En ce qui touche à l'analyse raisonnée de ce qui précède, je présume que la vision de M. Cameron n'est pas autre chose qu'un exemple de seconde vue, et s'il en est ainsi, le fait que les deux hommes qui se trouvaient évidemment le plus près de lui (l'un d'eux, pour le moins, et probablement tous deux le touchant même), prirent part à sa vision dans la mesure restreinte où ils entendirent la salve de la fin, alors que ceux qui n'étaient pas si près de lui ne l'entendirent pas, montrerait que l'intensité avec laquelle la vision frappa le voyant, occasionna des vibrations dans son corps mental, qui furent communiquées aux personnes qui étaient en contact avec lui, comme dans la transmission ordinaire de la pensée. Celui qui désire lire la fin de l'histoire, la trouvera dans *Lucifer* (vol. XX, p. 457).

On rassemblerait sans peine quantité d'exemples de même nature que celui-ci. En ce qui concerne la variété symbolique de cette vue, les gens qui la possèdent déclarent volontiers que si, lorsqu'elles rencontrent une personne vivante, elles la voient enveloppée d'un suaire de fantôme, c'est un présage certain de sa mort. La date du décès prochain est indiquée par la mesure dans laquelle le corps est couvert par le suaire, ou par l'heure du jour où la vision est apparue ; mais si c'est de bonne heure, le matin, ils disent que l'individu mourra le même jour ; mais si c'est le soir, il ne mourra qu'au cours de l'année.

Une autre variété —variété remarquable— de l'aspect symbolique de la seconde vue, est celle où l'apparition décapitée de la personne dont la mort est prédite, se manifeste au voyant. On en trouve, dans *Signs before Death* ([25]), un exemple, qui advint dans la famille du docteur Ferrier dans ce cas, cependant, si mes souvenirs sont exacts, la vision n'apparut qu'au moment de la mort, ou très peu de temps auparavant.

A côté des voyants qui sont constamment en possession d'une certaine faculté, bien qu'ils ne soient que de temps en temps entièrement maîtres de ses manifestations, nous nous trouvons en présence d'un grand nombre de cas isolés de prévision, intéressant des gens chez qui il ne s'agit aucunement d'une faculté véritable. La plupart de ces cas se produisent peut-être en rêve, quoiqu'on ne manque nullement d'exemples de visions à l'état de veille. Quelquefois la prévision se rapporte à un événement qui est, pour le voyant, d'une réelle importance, et elle justifie ainsi l'action de l'Ego, puisqu'elle prend la peine d'agir sur lui. Dans d'autres circonstances, il s'agit d'un incident, apparemment sans importance, ou qui n'a aucun rapport avec celui qui a eu la vision. Parfois, il est clair que l'intention de l'Ego (ou de l'entité communicante, quelle qu'elle soit) est de prévenir le moi inférieur de l'approche d'une calamité, soit afin qu'il puisse l'écarter, soit, si cela n'est pas possible, pour qu'en se préparant à le recevoir, il en ressente moins le choc.

L'événement qui est ainsi le plus fréquemment entrevu à l'avance, est —assez naturellement, peut-être— la mort ; parfois la mort du voyant lui-même, parfois celle de quelque être qui lui est cher. Ce type de prévision se rencontre d'une façon si courante dans ce que l'on a écrit sur ce sujet, et son but est si apparent, qu'il est à peine besoin d'en citer des exemples ; mais une ou deux circonstances dans lesquelles la vue prophétique, quoique franchement utile, était cependant d'un caractère moins sombre, seront susceptibles d'intéresser le lecteur. Celle que voici est empruntée à ce recueil, précieux pour celui qui étudie ces choses dangereuses, *Night side of nature* ([26]) de Mme Crowe (p. 72).

«Il y a quelques années, le docteur Watson, qui habite maintenant Glasgow, rêva qu'on le mandait au chevet d'un malade, en un endroit, éloigné de quelques

---

[25] *Signes avant la mort.*
[26] *Le Côté caché de la Nature.*

milles de chez lui ; qu'il partait à cheval et, comme il traversait une lande, il vit foncer furieusement sur lui un taureau aux cornes duquel il n'échappa qu'en se réfugiant en un endroit que l'animal ne pouvait atteindre et où il attendit fort longtemps, jusqu'à ce que des gens, s'étant aperçus de la position où il était, vinrent à son secours et le délivrèrent.

« Le lendemain matin, comme il déjeunait, on le manda effectivement, et souriant de la coïncidence (il croyait que c'en était une), il partit à cheval. Il ignorait tout à fait quelle route il devait prendre, mais il arriva bientôt après à la lande et le taureau apparut aussitôt, fonçant sur lui à toute allure. Mais son rêve lui avait montré l'endroit où se réfugier ; il le gagna incontinent et il y passa trois ou quatre heures, assiégé par l'animal, jusqu'à ce que les gens du pays vinssent le délivrer. Le docteur Watson déclare que, n'eût-il fait son rêve, il n'aurait pas su en quel endroit aller se réfugier. »

Un autre exemple, dans lequel beaucoup plus de temps s'écoula entre l'avertissement et la réalisation, nous est fourni par le docteur F. G. Lee, dans les *Glimpses of the supernatural* (vol. I, p. 240).

« Mme Hannah Green, gouvernante chez une famille d'Oxfordshire, habitant la campagne, rêva une nuit qu'elle avait été laissée seule à la maison un dimanche soir et qu'entendant frapper à la porte d'entrée principale elle y était allée et s'était trouvée en présence d'un vagabond de mauvaise mine, armé d'un gourdin et qui insistait pour forcer l'entrée de la maison. Elle eut l'impression d'avoir lutté quelque temps avec lui pour l'en empêcher, mais sans le moindre succès, et que, ayant été frappée par lui et s'étant évanouie, il avait pénétré dans la demeure. Là-dessus, elle s'éveilla.

« Comme rien n'advint pendant fort longtemps, elle ne pensa bientôt plus à son rêve et, à ce qu'elle raconte, l'oublia même tout à fait. Quoi qu'il en soit, sept ans après, on confia à cette même personne et à deux autres domestiques, la garde d'une maison isolée à Kensington (l'habitation de ville de la même famille) et un certain dimanche soir, ses deux camarades étant sortis et la laissant seule, elle tressaillit soudain en entendant frapper à la grande porte.

« Tout d'un coup, le souvenir de son ancien rêve lui revint avec une vivacité singulière et une intensité étonnante et elle ressentit profondément son isolement. Ayant donc aussitôt allumé une lampe sur la table du vestibule, pendant ce temps le coup bruyant à la porte fut répété avec vigueur, elle prit la précaution de monter jusqu'à un palier qui donnait sur l'escalier et elle ouvrit la fenêtre ; alors, à sa profonde terreur, elle vit en chair et en os l'homme même que de nombreuses années auparavant, elle avait vu dans son rêve, elle le vit, armé d'un gourdin et demandant à entrer.

« Avec une grande présence d'esprit, elle descendit jusqu'à la porte principale, la ferma plus sûrement, ainsi que d'autres portes et des croisées, et puis se mit à agiter violemment les diverses sonnettes de la maison, puis elle éclaira les chambres du haut. On constata que, grâce aux dispositions qu'elle avait prises, elle avait fait fuir l'intrus. »

Il est certain que, dans ce cas encore, le rêve fut d'une utilité pratique, car, sans lui, la brave gouvernante aurait sans aucun doute et par la force de l'habitude, ouvert la porte comme de coutume en réponse au coup frappé.

Ce n'est, toutefois, pas uniquement en rêve que l'Ego fait connaître à son moi inférieur ce qu'il croit utile pour lui de savoir. On trouverait dans les livres bien des exemples de ce fait, mais au lieu de les leur emprunter, je vais vous raconter un cas qui me fut narré il y a quelques semaines seulement, par une dame de mes amies, et qui, s'il n'offre aucun détail romanesque, a au moins le mérite d'être neuf.

Mon amie, donc, a deux enfants en bas âge et il y a quelque temps, l'aînée attrapa ce que l'on crut, un gros rhume ; quelques jours durant, elle eut le nez complètement bouché. La mère n'y fit guère attention, pensant que cela se passerait, jusqu'à ce qu'un jour, elle vit soudain devant elle, dans l'air, ce qu'elle décrit comme étant l'image d'une chambre, avec au milieu une table sur laquelle son enfant était étendue, évanouie ou morte, tandis que des gens se penchaient sur elle... Elle voyait distinctement les plus intimes détails de cette scène et elle remarqua particulièrement que l'enfant portait une chemise de nuit blanche alors qu'elle savait que tout le linge de ce genre qui appartenait à sa petite fille était rose.

Cette vision l'impressionna vivement et lui suggéra, pour la première fois, que l'enfant pourrait bien souffrir de quelque chose de plus sérieux qu'un rhume ; elle la mena donc à l'hôpital et la fit examiner. Le chirurgien découvrit dans le nez la présence de végétations dangereuses, et déclara nécessaire de les enlever. Quelques jours plus tard, l'enfant fut conduite à l'hôpital pour y être opérée et mise au lit. Quand la mère y arriva à son tour, elle s'aperçut qu'elle avait oublié d'apporter une des chemises de nuit de l'enfant et les infirmières en prêtèrent une qui était blanche. Et c'est vêtue de cette chemise blanche, que la petite fille subit l'opération le lendemain, dans la salle même que la mère avait vue dans sa vision, tout se passant exactement comme elle l'avait prévu.

Dans tous ces cas, la prévision eut son résultat, mais les livres sont pleins d'histoires d'avertissements négligés ou tournés en dérision et des désastres qui s'ensuivirent. Il y a des cas où la personne avertie n'a absolument aucun pouvoir d'intervenir dans la question ; telle cette aventure historique où John Williams, directeur de mines en Cornouailles, prévit dans ses moindres détails, huit ou neuf jours avant qu'il ne fût connu, l'assassinat dans les couloirs de la Chambre des Communes, de M. Spencer Perceval, alors Chancelier de l'Échiquier. Mais, même dans ce cas, il est bien possible que quelque chose aurait pu être fait pour l'éviter, car nous lisons que M. Williams fut impressionné à ce point par sa vision qu'il consulta ses amis pour savoir s'il ne ferait pas bien d'aller à Londres pour prévenir M. Perceval. Malheureusement, ils l'en dissuadèrent et l'assassinat eut lieu.

Il ne paraît d'ailleurs pas bien probable, fût-il même allé à Londres et y eût-il raconté son histoire, qu'on lui eût prêté grande attention ; il n'en demeure pas moins vrai qu'on aurait eu la possibilité de prendre des précautions qui auraient évité ce meurtre.

Rien de précis ne nous montre quelle action particulière sur les plans supérieurs amena cette curieuse vision prophétique. Les deux individus étaient tout à fait inconnus l'un de l'autre, en sorte qu'elle n'eut pas pour cause quelque étroite sympathie entre eux. S'il s'agit là d'une tentative faite par un aide, pour détourner l'arrêt menaçant, il paraît étrange qu'on n'ait pas pu trouver plus près de Londres qu'en Cornouailles quelqu'un de suffisamment impressionnable pour recevoir cet avertissement. Il est possible que M. Williams, alors que pendant son sommeil il était sur le plan astral, ait d'une manière quelconque eu connaissance de cette réflexion de l'avenir, et qu'en étant naturellement terrifié, il l'ait transmise à son esprit inférieur, dans l'espoir que d'une façon ou d'une autre, quelque chose pût être fait pour l'éviter ; mais il est impossible de diagnostiquer le cas avec certitude sans examiner les archives akâshiques, afin de voir ce qui se passa réellement.

M. Stead nous présente dans ses *Real Ghost Stories* (p. 83), un exemple tout à fait typique de prévision absolument inutile. Il s'agit de son amie Mlle Freer, plus connue sous le nom de Mlle X.

Étant à la campagne, cette dame vit une fois, alors qu'elle était bien éveillée et parfaitement consciente, une charrette anglaise attelée d'un cheval blanc, qui attendait à la porte du hall, et dans laquelle se trouvaient deux étrangers dont l'un descendit de voiture et se mit à jouer avec un chien terrier.

Elle remarqua qu'il était vêtu d'un *ulster* et remarqua aussi particulièrement les traces fraîches que les roues avaient laissées sur le gravier. Il n'y avait pourtant pas de voiture devant la porte à ce moment-là ; mais, une demi-heure après, deux étrangers arrivèrent en effet dans l'équipage annoncé et chacun des détails de la vision fut confirmé. Plus loin, M. Stead cite le cas d'une autre prévision également stérile, et où sept années s'écoulèrent entre le rêve (car, cette fois-ci, c'était un rêve) et sa réalisation.

Tous ces exemples (et je les ai choisis au hasard parmi des centaines d'autres) montrent que l'Ego a, à n'en pas douter, dans une certaine mesure, la faculté de prévoir, et les manifestations en seraient évidemment beaucoup plus fréquentes, n'étaient-ce l'épaisseur et le manque de réponse chez les véhicules inférieurs de la majorité de ceux qui composent ce que nous appelons l'humanité civilisée, — tendances dues surtout au grossier matérialisme pratique de notre époque. Et je ne veux pas dire que l'on professe une croyance matérialiste en général, mais seulement que dans toutes les questions pratiques de la vie de chaque jour, tout le monde, pour ainsi dire, est uniquement guidé d'une manière ou d'une autre, par des considérations et des intérêts matériels.

Dans bien des cas, l'Ego lui-même peut ne pas être développé, ses prévisions étant, en conséquence, très vagues; dans d'autres cas, il est possible qu'il voie clairement lui-même, mais que ses véhicules inférieurs soient si peu impressionnables que tout ce qu'il puisse parvenir à communiquer à son cerveau physique ne soit que le présage indéterminé d'un désastre à venir. Il y a aussi des cas où l'avertissement n'est en aucune façon le fait de l'Ego, mais de quelque entité étrangère, qui pour une raison quelconque, s'intéresse à la personne avertie. Dans l'ouvrage que j'ai cité plus haut, M. Stead nous parle de la certitude où il fut bien des mois à l'avance, que la *Pall Mall Gazette* lui serait confiée, bien que normalement, rien ne parût moins probable. Cette prévision, fut-elle le résultat d'une impression faite par son propre Ego ou bien d'un avertissement amical de quelque autre personne, il n'est pas possible de le dire sans recherches précises, mais la confiance que M. Stead eut en elle fut pleinement justifiée.

Il y a enfin une dernière variété de la clairvoyance dans le temps qu'on ne peut pas passer sous silence. Elle est assez rare, en somme, mais on en a relevé assez d'exemples pour qu'elle appelle notre attention, bien que, par malheur, les détails qu'on nous en donne laissent dans l'ombre ceux qui nous seraient utiles pour la diagnostiquer avec certitude. Je veux parler des cas où l'on a vu des armées spectrales ou bien des troupeaux fantomatiques d'animaux. Dans *The Night Side of the Nature* (pp. 463 et suiv.), nous lisons le récit de plusieurs de ces visions. Nous y voyons comment à Havarak Park, près de Riplay, des gens dignes de foi virent manœuvrer et puis s'évanouir une troupe de plusieurs centaines de soldats, vêtus de blanc; et comment, quelques années plus tôt, un respectable fermier et son fils eurent aussi la vision d'une armée semblable, dans le voisinage d'Inverness.

Dans ce dernier cas aussi, la troupe était fort nombreuse et les spectateurs ne doutèrent pas un instant tout d'abord que ce ne fussent là des individus en chair et en os. Ils comptèrent pour le moins seize doubles colonnes de soldats et eurent largement le temps de remarquer tous les détails. Les hommes marchaient en colonne par sept et ils étaient accompagnés d'un bon nombre de femmes et d'enfants qui portaient des pots en fer-blanc et autres ustensiles de cuisine. Les hommes étaient vêtus de rouge et leurs armes brillaient avec éclat au soleil. Au milieu d'eux se trouvait un animal, cerf ou cheval — ils ne purent distinguer quoi — qu'ils poussaient furieusement devant eux à coups de baïonnettes.

Le plus jeune des deux hommes fit remarquer à l'autre qu'à chaque instant les rangs de la queue étaient obligés de courir pour rattraper le front; l'aîné qui avait été soldat, fit observer qu'il en était toujours ainsi, et il recommanda à l'autre, s'il avait à servir jamais, de tâcher de marcher en tête de la colonne. Il n'y avait qu'un seul officier monté; il avait un cheval de dragon gris, et il portait un chapeau à galons d'or et un manteau bleu de hussard, à larges manches ouvertes doublées de rouge. Les deux spectateurs le regardèrent si attentivement qu'ils dirent après qu'ils pourraient le reconnaître n'importe où.

Ils eurent toutefois peur d'être maltraités ou obligés à suivre la troupe qu'ils jugèrent être venue d'Irlande, et avoir débarqué à Kyntyre; et tandis qu'ils grimpaient sur une digue pour se mettre hors de sa portée, la vision tout entière s'évanouit.

Au commencement de ce siècle, on observa à Paderborn, en Westphalie, un phénomène de la même nature qui eut au bas mot trente personnes pour témoins; mais comme, quelques années plus tard, une revue de vingt mille hommes eut lieu en ce même endroit, on conclut que cette vision avait dû être une espèce de seconde vue, faculté assez répandue dans la région.

De pareilles armées spectrales sont cependant vues, parfois, là où une troupe d'hommes ordinaires n'aurait absolument pas pu marcher, ni avant, ni après. Un des exemples les plus remarquables d'apparitions de ce genre nous est raconté par Mlle Harriet-Martineau, dans des descriptions de *The English lakes* [27]. Voici ce qu'elle écrit:

«Ce Souter ou Soutra Fell est la montagne sur laquelle des fantômes apparurent avec des intervalles par myriades, pendant dix années, au cours du siècle dernier; au dire de vingt-six témoins choisis, et au dire de tous les habitants de tous les cottages en vue de la montagne, ils apparurent sous le même aspect et pendant une durée de deux heures et demie à la fois — l'obscurité venant mettre fin à ce spectacle spectral! La montagne, qu'on se le rappelle, est labourée de

---

[27] *Les Lacs anglais.*

précipices, défiant ainsi toute marche de corps de troupe, et les versants nord et ouest offrent un escarpement perpendiculaire de 900 pieds.

«A la Saint-Jean d'été, en 1735, un domestique de ferme de M. Lancaster, qui se trouvait à un demi-mille de la montagne, vit le versant est de son sommet couvert de troupes qui poursuivirent pendant une heure leur marche en avant. Elles arrivaient, en détachements distincts, d'une éminence située au nord et disparaissaient dans une niche, au sommet. Quand le pauvre garçon raconta son histoire, on l'injuria de tous côtés, comme on injurie en général tous ceux auxquels il arrive de voir quelque chose d'extraordinaire. Deux ans après, encore à la Saint-Jean d'été, M. Lancaster vit au même endroit des hommes qui avaient l'air de suivre leurs chevaux, comme s'ils revenaient de la chasse à courre. Il n'y prit pas garde, mais, dix minutes plus tard, il regarda encore par hasard dans la même direction et il vit les hommes, à cheval cette fois-ci, suivis d'une interminable colonne de troupes, marchant par cinq et se dirigeant de l'éminence par-dessus la crevasse, comme auparavant. Toute sa famille vit ce spectacle; elle vit manœuvrer les forces, chaque compagnie étant surveillée par un officier monté qui galopait de-ci de-là. Les ombres du crépuscule s'épaississant, la discipline eut l'air de se relâcher; les troupes s'entremêlèrent et marchèrent à des allures diverses jusqu'à ce que tout se perdit dans l'obscurité. Naturellement tous les Lancaster furent insultés, comme leur domestique l'avait été; mais la justification de leurs dires ne se fit pas longtemps attendre.

«A la Saint-Jean d'été de la terrible année 1745, vingt-six personnes, que la famille Lancaster avait convoquées tout exprès, virent tout ce qu'on avait vu avant et virent même davantage. Il y avait cette fois des voitures parmi les troupes; et tout le monde savait que jamais voitures n'étaient allées ni n'auraient pu aller sur le sommet du Souter Fell. La multitude dépassait l'imagination; car les troupes s'étendaient sur une longueur d'un demi-mille et elles marchèrent rapidement jusqu'à ce que, marchant encore, la nuit les cacha. L'aspect de ces spectres n'avait rien de vaporeux ni d'indistinct. Ils semblaient si véritables que quelques-uns des spectateurs allèrent, le lendemain matin, sur la montagne, pour rechercher les traces des sabots des chevaux; ce fut avec épouvante qu'ils constatèrent l'absence de toutes traces dans la bruyère et sur l'herbe. Les témoins de cette aventure la racontèrent devant un magistrat, sous le sceau du serment; et le pays tout entier fit des prévisions effroyables au sujet de la révolte écossaise qui allait éclater.

«On sait maintenant que deux autres personnes avaient eu quelque vision du même genre dans l'intervalle qui sépara ces deux événements —ce fut en 1743— mais elles l'avaient caché afin de se soustraire aux injures dont leurs voisins avaient été l'objet. M. Wren, de Wilton Hall, et son garçon de ferme virent, un soir d'été, un homme et un chien sur la montagne, qui poursuivaient des chevaux le long d'une pente si escarpée qu'un cheval n'y pouvait pour ainsi dire pas mettre le pied. Ils allaient à une prodigieuse allure et ils disparurent si rapidement sur le versant sud de la colline que M. Wren et son domestique s'y rendirent le lendemain matin pour rechercher le corps de l'homme qui avait certainement dû se tuer. D'homme, de cheval, de chien, ils ne trouvèrent pas la moindre trace ; ils redescendirent et se tinrent cois. Lorsqu'enfin ils parlèrent, ce leur fut une maigre consolation que de partager, avec les vingt-six camarades qui avaient juré, le ridicule où on les tint.

Quant à l'explication de ce phénomène, l'éditeur du *Lonsdale Magazine* déclara (vol. II, p. 313) que l'on découvrit que le jour de la Saint-Jean d'été de 1745, les rebelles « manœuvraient sur la côte ouest d'Écosse et que leurs mouvements avaient été réfléchis par quelque vapeur transparente, semblable à la Fata Morgana. » Ce n'est là qu'une bien pauvre explication ; mais c'est, à notre connaissance, la seule qu'on ait pu donner jusqu'à ce jour. Quoi qu'il en soit, ces faits en amenèrent beaucoup d'autres ; comme, par exemple, la marche spectrale du même genre, qui fut vue dans le Leicestershire en 1707, et comme la tradition de la marche des armées sur Helvellyn, à la veille de la bataille de Marston Moor.

On cite d'autres exemples dans lesquels des troupeaux de moutons spectraux ont été vus sur certaines routes, et il y a naturellement diverses histoires allemandes de cavalcades fantomatiques de chasseurs et de voleurs.

A ces derniers cas —comme cela arrive si souvent dans la recherche des phénomènes occultes,— il y a plusieurs causes possibles, dont chacune pourrait expliquer les événements observés, mais en l'absence de plus amples informations, il n'est guère permis de faire plus que de deviner laquelle de ces causes possibles est entrée en jeu dans tel ou tel cas déterminé.

L'explication que l'on propose d'habitude (chaque fois que l'aventure tout entière n'est pas tournée en ridicule et traitée de mensonge) est que ce que l'on voit est une réflexion par mirage des mouvements d'un vrai corps de troupe, évoluant à une distance considérable. J'ai vu, moi-même, à plusieurs reprises, le mirage ordinaire et sais par conséquent quelque chose de son extraordinaire pouvoir de déconvenue ; mais il me semble que nous aurions besoin de découvrir une variété de mirage entièrement nouvelle, tout à fait différente de celle que connaît actuellement la science, pour expliquer ces histoires d'armées fantômes, dont certaines défilent à quelques mètres seulement du spectateur.

Il se pourrait que ce fussent là tout d'abord, —comme cela semble être le cas pour la vision de Westphalie que je viens de rapporter— de simples phénomènes de prévisions sur une gigantesque échelle, mais organisés par qui, et dans quel but? Voilà qui est malaisé à deviner.

Ils peuvent souvent encore appartenir au passé et non pas à l'avenir et être, en somme, la réflexion de scènes empruntées aux clichés akâshiques —bien qu'ici encore, la raison et la méthode d'une réflexion semblable ne soient pas bien claires.

Il y a de nombreuses tribus d'esprits de la nature qui seraient parfaitement capables, si pour quelque raison ils le voulaient, de produire de pareilles apparences grâce à leur merveilleux pouvoir de magie (voyez le *Theosophical Manual*[28]), et de tels phénomènes répondraient admirablement à ce plaisir qu'ils éprouvent à mystifier et à confondre les êtres humains. Parfois peut-être aussi, leur intention est bonne, et par un avertissement affectueux ils préviennent leurs amis des événements qu'ils savent devoir bientôt se produire. Il semble qu'une explication de ce genre constituerait la façon la plus raisonnable d'expliquer la série de phénomènes extraordinaires décrits par Mlle Martineau —étant admis toutefois que l'on peut avoir foi dans les histoires qu'on lui a racontées.

Une autre explication possible serait que, dans certains cas, ce qui a été pris pour des soldats était simplement les esprits de la nature eux-mêmes, au cours de certaines de ces évolutions ordonnées qu'ils aiment tant, encore que l'on doive reconnaître que ces évolutions se produisent rarement sous un aspect qui pourrait les faire prendre —si ce n'est par les plus ignorants— pour des manœuvres militaires.

Il est probable que, dans la plupart des circonstances, les troupeaux d'animaux ne sont pas autre chose que des clichés akâshiques, mais il y a des cas où, comme pour les chasseurs maudits de l'histoire allemande, ces souvenirs appartiennent à une catégorie tout à fait différente de phénomènes, complètement en dehors de notre sujet. Ceux qui s'occupent d'occultisme savent bien que les circonstances qui entourent une scène de terreur ou de passion intense —telle qu'un meurtre exceptionnellement horrible— peuvent être à l'occasion reproduites sous une forme dont un très superficiel développement de la faculté psychique permet de se rendre compte, et il est arrivé quelquefois que divers animaux faisaient partie de l'entourage du drame, et qu'ils ont été aussi, en conséquence, reproduits périodiquement par l'action de la conscience coupable du meurtrier (Voyez *Le Plan astral*[29]).

Il est probable que l'on peut en général ranger dans cette catégorie tout fon-

---

[28] *Le Plan astral*, de C.-W. Leadbeater. Réédition: arbredor.com, 2005.
[29] Réédition arbredor.com, 2005.

dement ou tout fait qui se trouve à la base de ces diverses histoires de cavaliers et de chasseurs fantômes. C'est encore là, évidemment, l'explication de certaines de ces armées de spectres, par exemple cette reproduction de la bataille de Edgehill qui semble avoir eu lieu à diverses reprises pendant quelques mois après le combat véritable, ainsi que l'affirmèrent un juge de paix, un prêtre et divers autres témoins oculaires, dans une curieuse brochure contemporaine intitulée : *Prodigious Noises of War and Battle, at Edgehill, near Keinton, in Northamptonshire* [30].

D'après cet écrit, un certain nombre d'officiers étudièrent ce cas à l'époque, et ils reconnurent nettement beaucoup des personnages fantômes qu'ils virent. C'est là très certainement un exemple du pouvoir terrible qu'ont de se reproduire les passions indomptées de l'homme, et de provoquer, de quelque manière étrange, une sorte de matérialisation de leur souvenir.

Il est clair, dans certains cas, que les troupeaux que l'on a vus ont simplement été des hordes d'élémentals artificiels malpropres, prenant cette forme afin de pouvoir se repaître des émanations nauséabondes de lieux particulièrement épouvantables, tels que l'emplacement de potences. Nous trouvons un exemple d'un cas de cette espèce dans les célèbres fantômes du gibet, et qui est raconté dans *More glimpses of the World unseen* [31] (p. 109) ; ces fantômes, dit-on, sont vus maintes et maintes fois sous l'aspect de troupeaux, de créatures difformes et ressemblant à des porcs, qui s'agitent, fouillent la terre et se battent chaque nuit, sur l'emplacement de cet odieux appareil de crime. Mais ces visions appartiennent plutôt au domaine des apparitions qu'à celui de la clairvoyance.

---

[30] « Bruits prodigieux de guerre et de bataille à Edgehill, près de Keinton, en Northamptonshire. »
[31] *Nouvelles échappées dans le Monde invisible.*

CHAPITRE IX
MÉTHODES DE DÉVELOPPEMENT

Dès qu'un homme acquiert la conviction de la réalité du précieux pouvoir de la clairvoyance, sa première question est, en général : « Comment puis-je développer en moi cette faculté que l'on dit être latente chez tous ? »

Eh bien, le fait est qu'il y a de nombreuses méthodes pour atteindre ce développement, mais que *pour un usage général* il n'en existe qu'une seule que l'on puisse recommander en toute sécurité, et c'est celle-là dont nous parlerons en dernier lieu. Chez les nations les moins avancées du monde, on a fait naître l'état de clairvoyance par divers procédés condamnables ; chez certaines des tribus non ariennes de l'Inde par l'emploi de drogues enivrantes ou par l'inhalation de vapeurs stupéfiantes ; chez les derviches, en pirouettant en une danse folle de ferveur religieuse, jusqu'au vertige et jusqu'à l'insensibilité ; chez les adeptes des abominables pratiques du culte Vaudou, par d'effroyables sacrifices et des actes odieux de magie noire. Heureusement, de semblables méthodes ne sont pas en vogue chez les individus de notre race ; et cependant, parmi nous, un grand nombre de barbouilleurs en cet art antique adopte un système d'auto-hypnotisation et qui consiste par exemple, à fixer un point brillant ou à répéter une formule déterminée, jusqu'à ce qu'une demi-stupeur s'ensuive ; tandis qu'une autre école préconise, pour atteindre ce même résultat, la pratique de certains des systèmes hindous de respiration rythmée.

Il faut, sans hésiter, condamner toutes ces méthodes comme dangereuses à pratiquer pour l'homme ordinaire qui ne se rend pas compte de ce qu'il fait, et qui se livre simplement à de vagues expériences dans un monde inconnu. Même la méthode qui consiste, pour gagner la clairvoyance, à se laisser magnétiser par une autre personne, est une de celles dont je m'écarterais avec la plus grande antipathie ; et il est certain qu'on ne devrait jamais en faire l'essai, à moins qu'il n'existe des rapports de confiance et d'affection absolues entre le magnétiseur et le magnétisé ainsi qu'une parfaite pureté de cœur et d'âme, d'esprit et d'intention, telle qu'on n'en trouve que très rarement, sinon chez les plus grands saints.

Les expériences faites touchant la transe mesmérique sont du plus profond intérêt, en tant qu'elles offrent, entre autres choses, une possibilité de prouver au sceptique que la clairvoyance existe ; mais je ne conseillerais jamais à personne de s'y prêter comme sujet, excepté toutefois dans les conditions que je viens d'indiquer, conditions, je l'admets volontiers, presque impossibles à rencontrer ; mais c'est tout à fait autre chose que le magnétisme thérapeutique dans lequel, sans du tout faire entrer le patient en transe, on tente un effort pour soulager sa souffrance, supprimer sa maladie ou pour lui infuser de la vitalité par le moyen de passes magnétiques ; et si l'hypnotiseur, même inexpérimenté, est lui-même en bonne santé et se trouve animé d'intentions pures, il ne risque guère de faire du mal au sujet. Dans une circonstance aussi grave qu'une opération chirurgicale, un homme pourrait même raisonnablement se soumettre à une transe mesmérique, mais ce n'est pas une expérience à tenter. Bien plus, je conseillerais très fort à quiconque me ferait l'honneur de me consulter à cet égard, de ne se livrer à aucune espèce de recherches expérimentales au sein de ce qui est encore pour lui les forces anormales de la nature, avant d'avoir lu attentivement tout ce que l'on a écrit sur cette question, ou — ce qui serait encore le mieux — jusqu'à ce qu'il se soit mis sous la direction d'un maître qualifié.

Mais, dira-t-on, où peut-on trouver un maître qualifié ? Très certainement pas parmi les gens qui s'intitulent « maîtres » et qui proposent de faire connaître, pour tant de guinées ou de dollars, les mystères sacrés des siècles, ou qui organisent des « cercles de développement » où sont admis, à tant par tête, les premiers candidats venus.

On a beaucoup parlé, dans ce Traité, de la nécessité d'une instruction sérieuse, de l'immense supériorité du clairvoyant expérimenté sur celui qui ne l'est pas ; mais ceci nous ramène à la même question où peut-on se procurer cet enseignement déterminé ?

Je réponds que, cet enseignement, on peut le trouver précisément là où il a toujours été depuis que le monde est monde, à savoir, aux mains de la Grande Confrérie Blanche des Adeptes, qui réside aujourd'hui, comme elle l'a toujours fait, à l'arrière-plan de l'évolution humaine, évolution qu'elle guide et qu'elle seconde sous l'empire des grandes lois cosmiques qui représentent à nos yeux la Volonté de l'Éternel.

Mais comment, peut-on demander encore, comment atteindre jusqu'à elles ? Comment l'aspirant, assoiffé de savoir, peut-il leur faire connaître son désir d'être instruit ?

Une fois de plus, je réponds par les méthodes seules qui ont été consacrées par le temps. Il n'y a pas de brevet nouveau grâce auquel un homme puisse sans peine se rendre propre à devenir un élève de cette école, ni de grande route qui conduise à l'enseignement qu'il y faut acquérir. A l'heure actuelle, tout comme dans les ténèbres de l'antiquité, l'homme qui veut attirer leur attention doit s'engager sur le sentier laborieux et lent du développement de soi-même, et doit apprendre avant toutes choses à se prendre en main et à se faire lui-même tel qu'il devrait être. Les pas que l'on franchit sur ce sentier n'ont rien de secret ; je les ai fait connaître en grand détail dans les *Aides Invisibles*[32] ; je n'ai donc pas à les répéter ici. Mais ce n'est pas un chemin commode à suivre et cependant, tôt ou tard, tous devront s'y engager, car la grande loi de l'évolution pousse l'humanité, lentement, mais irrésistiblement, vers son but.

C'est parmi ceux qui se pressent sur ce sentier que les grands Maîtres choisissent leurs élèves, et ce n'est qu'en se mettant à même d'apprendre, qu'un homme se rend apte à recevoir l'enseignement. Et s'il n'a pas subi cette préparation nécessaire, le fait d'être membre d'une Loge ou d'une société, secrète ou non, ne le rapprochera pas le moins du monde du but qu'il poursuit. Il est vrai, comme nous le savons tous, que c'est sur les instances de quelques-uns de ces Maîtres que fut fondée notre Société Théosophique dans les rangs de laquelle un certain nombre d'élèves furent choisis pour entrer en relations plus proches avec eux. Mais ce choix dépend de la sincérité du candidat et non pas simplement de son titre de membre de la Société ou de l'une quelconque de ses sections.

Ainsi donc, le seul moyen de développer la clairvoyance est d'entrer de toute son énergie dans la voie de l'évolution morale et mentale, à une certaine phase de laquelle cette faculté ainsi que les autres facultés plus hautes, commenceront spontanément à se faire jour. Il y a cependant une pratique, que recommandent également toutes les religions ; si on l'adopte avec précaution et respect, elle ne saurait faire de mal à âme qui vive et elle a eu parfois au contraire, pour résultat, un genre très pur de clairvoyance, c'est la pratique de la méditation.

Qu'un homme choisisse une heure déterminée, chaque jour, une heure à laquelle il puisse compter être tranquille et à laquelle on ne le dérangera pas, le jour, toutefois, plutôt que la nuit qu'il se mette alors, pendant quelques minutes, à dégager son esprit de toutes pensées terrestres quelles qu'elles soient, et, cela fait, qu'il concentre toute la force de son être sur l'idéal spirituel le plus élevé qu'il connaisse. Il se rendra compte qu'acquérir une maîtrise aussi parfaite de sa pensée est infiniment plus difficile qu'il ne l'imagine, mais que lorsqu'il y parvient cela ne peut que lui être salutaire à tous les points de vue, et, à mesure qu'il deviendra de plus en plus capable d'élever et de concentrer sa pensée, il trouvera peut-être que de nouveaux mondes s'ouvriront à sa vue.

Comme exercice préliminaire à la pratique parfaite de cette méditation, il

---

[32] Réédition arbredor.com, 2005.

trouvera utile de faire acte de concentration dans ses affaires de tous les jours, voire dans les plus petites. S'il écrit une lettre, qu'il ne pense uniquement qu'à cette lettre jusqu'à ce qu'il l'ait finie ; s'il lit un livre, qu'il veille à ne jamais permettre à sa pensée de s'éloigner de celle de l'auteur. Il lui faut apprendre à tenir son esprit en bride et à en être maître, ainsi que de ses passions inférieures ; il lui faudra travailler patiemment pour acquérir la maîtrise absolue de ses pensées, de manière à savoir toujours exactement à quoi il pense et pourquoi il pense à telle ou telle chose, afin qu'il puisse se servir de son esprit, le faire agir ou le reposer, tel un tireur habile qui fait de son épée ce qu'il veut.

Et malgré tout, si ceux-là qui désirent si sincèrement acquérir la faculté de clairvoyance pouvaient l'avoir temporairement pour un jour ou pour même une heure, il est loin d'être sûr qu'il leur plairait de conserver ce don. Il est certain qu'elle leur ouvre des domaines nouveaux d'étude, de nouveaux moyens d'être utiles et pour cette raison, la plupart d'entre nous trouvent qu'elle vaut bien la peine qu'on la possède ; mais il faut se rappeler que pour celui que son devoir appelle à vivre encore en ce bas monde, ce n'est nullement une joie sans mélange. Sur celui qui acquiert cette vision, le chagrin et la misère, le mal et l'avidité du monde pèsent comme un fardeau toujours présent au point que dès les premiers jours de son savoir, il se sent souvent enclin à répéter l'adjuration passionnée contenue dans ces vers sonores de Schiller :

Dein Orakel, zu verkünden warum warfest du mich hin
In die Stadt der ewig Blinden, mit dem aufgeschloss'ne Sinn
Froments's den Schleier aufz uheben, wo das nahe Schreckniss drobt ?
Nur der Irrihum ist das Leben ; dieses Wissen ist der Tod.
Nimm, o nimm, die traur'ge Klarheit mir vom Aug'denblutgen Schein
Schrecklich ist es deiner Wahrheit sterbliches gefess zu sein.

que l'on pourrait peut-être traduire : « Pourquoi m'as-tu jeté ainsi dans la cité de ceux qui sont aveugles à jamais, pour proclamer ton oracle en m'ouvrant un sens nouveau ! Quel profit y a-t-il à lever le voile, quand nous menace l'obscurité proche ? *La vie n'est qu'erreur* ; ce savoir est la mort. Reprends cette triste clairvoyance ; enlève cette cruelle lumière à mes yeux ! Il est horrible d'être l'*organe* mortel de ta vérité. »

Et, plus loin encore, il s'écrie « Rends-moi ma cécité, l'heureuse obscurité de mes sens ! reprends ton horrible présent ! »

Mais c'est là, assurément, un sentiment qui ne dure pas, car, la vision la plus élevée montre bientôt à l'élève quelque chose de plus que le chagrin, et donne bientôt à son âme l'absolue certitude que, quoi que puissent indiquer ici-bas les apparences, toutes choses travaillent sans l'ombre d'un doute, d'accord en vue du bien éventuel de tous. Il réfléchit que le péché et la souffrance sont parmi nous, qu'il les puisse distinguer ou non, et que, lorsqu'il peut les voir, il est en fin de compte plus apte à porter une aide efficace qu'il ne saurait l'être, s'il travaillait dans l'obscurité ; ainsi, petit à petit, il apprend à porter sa part du lourd Karma du monde.

Il y a des mortels égarés qui, ayant la bonne fortune de posséder quelque peu de ce pouvoir supérieur, sont cependant si parfaitement ignorants du vrai sentiment qui l'accompagne, qu'ils l'emploient en vue des résultats les plus sordides, et vont même jusqu'à faire de la réclame sous le titre de *test and business clairvoyants* [33] !

Il est superflu de dire que faire un tel usage de cette faculté, c'est simplement la prostituer et l'avilir ; et c'est montrer que son infortuné possesseur s'en est, en quelque sorte, emparé avant que le côté moral de sa nature ait été suffisamment développé, pour supporter l'épreuve que la clairvoyance impose. Et lorsqu'on se rend compte de la quantité de karma malfaisant qu'une action de ce genre peut engendrer en fort peu de temps, le dégoût se change en pitié pour le malheureux auteur de cette folie sacrilège.

On reproche parfois à la clairvoyance de détruire tout le côté privé de la vie en ce qu'elle confère la possibilité illimitée de pénétrer les secrets des autres. Il n'est pas douteux qu'elle donne en effet ce pouvoir, mais l'objection n'en est pas moins amusante pour quiconque connaît si peu que ce soit ce dont il est question. Cette objection est peut-être fondée en ce qui concerne les pouvoirs très limités *du test and business* clairvoyants ; mais celui qui la formule à l'endroit de ceux qui ont acquis cette faculté au cours de l'instruction spéciale reçue, et qui, en conséquence, la possèdent complètement, celui-là oublie trois faits fondamentaux, à savoir premièrement, qu'il est tout à fait inconcevable que quiconque verrait s'ouvrir les merveilleux champs de recherches que livre la clairvoyance véritable, pourrait jamais avoir le moindre désir de chercher à pénétrer dans tous les petits secrets sans importance de telle ou telle personne déterminée ; ensuite, en admettant que, par impossible, notre clairvoyant eût une pareille curiosité indélicate des choses d'insignifiant commérage, malgré tout, l'honneur d'un gentleman, sur ce plan-là comme sur le nôtre, interdirait naturellement d'envisager, fût-ce pour un instant, la pensée d'en tirer parti ; et troisièmement, dans le cas où, par un hasard inouï, on viendrait à rencontrer quelque espèce de pitre de bas étage,

---

[33] Pourrait se traduire librement par «clairvoyants professionnels».

pour lequel les considérations ci-dessus n'auraient pas de poids, qu'on enseigne toujours à chaque élève, dès qu'il commence à acquérir la faculté, les limites dans lesquelles il lui est permis d'en faire usage.

En résumé, on peut admettre qu'il n'y aura ni espionnage, ni emploi égoïste de la faculté de clairvoyance, ni étalage de ces phénomènes. Autrement dit, les mêmes considérations qui inspireraient, sur le plan physique, la conduite d'un homme d'honneur, doivent également jouer sur les plans astral et mental ; l'élève ne doit jamais, en aucun cas, faire emploi du pouvoir que lui confère son savoir spécial, en vue d'accroître ses avantages en ce monde, ou en vue d'en tirer profit, de quelque façon que ce soit ; enfin, il ne doit jamais — comme nous disons dans les milieux spirites — « donner une preuve » action qui consiste à faire quelque chose qui prouve incontestablement aux sceptiques sur le plan physique qu'il possède ce qui peut leur paraître un pouvoir anormal.

Pour ce qui est de cette dernière prescription, on dit souvent : « Mais pourquoi n'agirait-il pas ainsi ? il serait si aisé de confondre et de convaincre votre sceptique, et ça lui ferait du bien ! » Ceux qui formulent cette prescription perdent de vue le fait que, d'abord, il n'y a personne parmi ceux qui savent, qui désire confondre et convaincre les sceptiques, ou qui se soucie le moins du monde de l'attitude du sceptique, quelle qu'elle soit ; et en second lieu, ils ne comprennent pas combien il est préférable pour le sceptique d'arriver peu à peu à apprécier intellectuellement les faits de la nature, plutôt que de les découvrir brusquement, comme on reçoit un coup qui vous assomme. Mais c'est là un sujet qui a été traité à fond dans *Occult word*([34]) de M. Sinnett, et il est inutile de répéter ici les arguments qu'il y fait valoir.

Certains de nos amis ont beaucoup de peine à se rendre compte que les sots commérages et la vaine curiosité qui remplissent si entièrement la vie de la majorité des sans-cervelles sur cette terre, ne peuvent tenir aucune place dans la vie plus réelle du disciple ; et alors, parfois, ils demandent si — même sans qu'il ait le désir spécial de voir — il ne se pourrait pas qu'un clairvoyant pénétrât, à l'occasion, le secret qu'un tiers chercherait à tenir caché, comme il arrive au regard de tomber involontairement sur telle phrase d'une lettre appartenant à un autre, et qui serait là, ouverte, sur la table. Sans doute, cela peut arriver. Et encore ? L'homme d'honneur détournerait aussitôt ses yeux, dans l'un ou dans l'autre cas, et il en serait tout comme s'il n'avait pas vu. Si ceux qui soulèvent des objections pouvaient seulement saisir cette idée qu'il n'y a pas d'élève qui se soucie des affaires des autres, excepté lorsqu'il est à sa portée de leur venir en

---

[34] *Le Monde occulte*, par A.-P. Sinnett.

aide, et qu'il a toujours à s'occuper d'une somme énorme de travail personnel, ils ne seraient pas si désespérément loin de comprendre les faits de la vie plus vaste du clairvoyant expérimenté.

Même le peu que j'ai dit touchant les restrictions que l'on impose à l'élève, montrera clairement que, dans bien des cas, il en saura beaucoup plus long qu'il ne lui sera permis d'en dire. Et, bien entendu, ceci, dans une bien plus large mesure est vrai des grands Maîtres de la Sagesse eux-mêmes, et c'est pourquoi ceux qui ont le privilège d'être de temps en temps admis en leur présence, écoutent avec respect le moindre des mots qu'ils prononcent, même sur des sujets qui n'ont rien à voir avec leur enseignement. Car l'opinion d'un Maître, ou même d'un de ses meilleurs élèves, sur quelque sujet que ce soit, est celle d'un homme dont l'aptitude à juger avec justesse est tout à fait hors de proportion avec les nôtres.

Sa situation et ses facultés accrues, sont, en réalité, l'héritage de l'humanité tout entière, et, quelque loin que nous puissions maintenant être de posséder ces grands pouvoirs, ils n'en seront pas moins certainement les nôtres un jour. Mais comme ce vieux monde sera différent de ce qu'il est aujourd'hui quand l'humanité entière possédera la clairvoyance supérieure! Songez à ce que deviendra l'histoire, quand tous pourront lire les événements; la science, quand on pourra suivre dans leur développement complet les processus au sujet desquels les hommes se perdent en théories; la médecine, quand le docteur et le malade pourront voir également tout ce qui se passe dans le corps humain; la philosophie, quand il n'y aura plus moyen de discuter sa base même, parce que tous pourront voir la vérité sous un plus vaste aspect; le travail, quand tout travail sera joie, parce que chaque homme n'aura à faire que ce qu'il saura faire le mieux; l'éducation, quand l'esprit et le cœur des élèves seront à nu devant le maître qui tache à les former; la religion, quand il ne sera plus possible de se disputer sur ses dogmes généraux, puisque nous posséderons la vérité sur les états par lesquels on passe après la mort, et sur la grande Loi qui gouverne le monde!

Et par-dessus tout, comme il sera plus facile aux hommes évolués de s'aider les uns les autres, dans ces conditions nouvelles de bien plus grande liberté! Les possibilités qui s'offrent à l'esprit, sont comme d'admirables vues qui se dérouleraient dans toutes les directions, en sorte que notre septième ronde serait véritablement un âge d'or. Heureux sommes-nous que ces grandes facultés ne seront pas aux mains de l'humanité tout entière avant qu'elle ait évolué jusqu'à un niveau bien supérieur de moralité et de sagesse, sans quoi nous ne ferions que répéter une fois de plus dans de bien pires conditions, le terrible effondrement de la grande civilisation d'Atlantis, dont les contemporains ne surent pas comprendre que plus de pouvoir signifiait aussi plus de responsabilité. Et cependant, la plupart d'entre nous étaient au nombre de ces mêmes hommes ; espérons que leur chute nous a appris la sagesse, et que, lorsque les possibilités de la vie plus vaste nous seront offertes à nouveau, nous subirons cette fois-là l'épreuve avec plus de succès.

Table des matières